融合行

—— 体验不同社会的融合教育实践

卢晗　倪震　著

河南大学出版社
·郑州·

图书在版编目（CIP）数据

融合行：体验不同社会的融合教育实践 / 卢晗，倪震著. —郑州：河南大学出版社，2017.12

ISBN 978-7-5649-3132-2

Ⅰ.①融… Ⅱ.①卢… ②倪… Ⅲ.①残疾人－儿童教育－特殊教育 Ⅳ.①G76

中国版本图书馆CIP数据核字（2017）第326091号

责任编辑　谌洪波
责任校对　张　丹
美术编辑　翟淼淼
封面设计　罗松雅（Sonya Hallett）

出　版	河南大学出版社
	地址：郑州市郑东新区商务外环中华大厦2401号
	邮编：450046
	电话：0371-86059701（营销部）
	网址：www.hupress.com
排　版	郑州市今日文教印制有限公司
印　刷	河南瑞之光印刷股份有限公司
版　次	2018年2月第1版　　印次　2018年2月第1次印刷
开　本	787mm×1092mm　1/16　　印张　9.5
字　数	151千字　　定价　30.00元

（本书如有印装质量问题，请与河南大学出版社营销部联系调换）

序 言
Preface

融合达至尊重

这是一本讲述人生故事的书。每一个人都有着不同的人生经历，它映照出我们的家庭关系；我们所处的社会和自然环境，反映出我们的工作、学习、生活以及我们同朋友的情谊，我们的爱好和生活激情。正是人生的这种独特性赋予了我们每一个人尊严以及我们在自己和他人眼中的价值。当我们谈论教育的时候，我们实际上首要是在讲人，在讲一个个的个体，在讲他们每个人的具体故事。每种教育体系都反映着它所存在的社会以及组成这一教育体系的人，一个教育体系和它所代表的理念也必然会反映出一个社会的价值观。一所学校在多大程度上重视每一个学生也反映了个人在社会上被尊重的程度。

作为一个学生、教师、家长和研究者的经历让我认识到，没有一个孩子在入学时是一张白纸。他带着来自基因、家庭环境、自然环境和社会态度共同作用所形成的各种信息和烙印。因此每个孩子在入学时实际上都有着他独一无二的经历。这些经历影响着他的性格、情感和适应能力。那些能够拥抱、接纳每个不同孩子的学校通常是愉快、富有创造力的地方。在这样的学校里，学生们在相互尊重、个人和集体共同进步的气氛中学习。而那些排斥不同，试图把所有学生塑造成一个模式的学校最终只会培养出一批受损的孩子，并造成不健康的社会。

我在英国和南非长大，1980年来到中国留学。在20世纪70年代，南非的白人政权实施种族隔离政策。白人、黑人和所谓"有色人种"在各种法律和制度下被严格分隔开来，教育当然也不例外。作为一个白人儿童，我能够上条件优越的学校，那里的老师完全理解并接受我低视力的状况。黑人儿童则只能上条件差的学校，那些学校往往班级规模大，老师水平普遍低。没有一所学校能够接受不同种族的学生。这样的隔离制度教导孩子，让白人儿童相信与自己肤色不同的人"非我族类"，是危险的、不洁的、低等的，是要排斥的。

感谢我的父母，他们都是坚定反对种族隔离政策的人士。他们从小教导我这种基于肤色不同的歧视是不可接受的。而在后来的生活中，当我开始考虑教育的影响力时，我用同样的视角看待残障。如果说种族歧视是不可接受的，基于残障的歧视又有什么两样？种族歧视是脸谱化和蔑视某些族群或个人，而这种脸谱化和蔑视只是基于他们的外貌、血统、文化和历史。而对残障者的负面态度实际上也没有什么不同，它是基于对某些群体或个人的一种固化的判断，而这种判断只是根据一种随意的假设。正如种族、家庭和社会环境一样，残障可能伴随我们任何人一生，它只是自我的一部分。

本书的两位作者对残障和教育都有着深刻的理解，他们在书中探讨了世界各地八个不同的融合教育案例。作者挑选中国、马来西亚、加拿大、美国和英国等地的案例并做了细致认真的研究，使读者们可以详细了解各个案例主人公所经历的融合教育。书中详细描绘了各种课堂实践、学校融合教育的架构以及相关的教育制度框架。书中每一个章节还描述了融合教育在当地得以接纳的历史和争取的过程，同时也讲述了实施融合教育过程面临的挑战和问题。作者希望能把融合教育一些最优秀的案例呈现给读者，因为他们坚信，1994年《萨拉曼卡宣言》所倡导的融合教育应成为全球所有教育制度争取达到的理想。当然"条条道路通罗马"，融合教育并不是一种僵化的观念，需要灵活性和创意，只要能帮助每个孩子找到最适合他的学习和成长方式。

在找寻融合教育的恰当定义时，我看到了加拿大推动融合教育组织Inclusion BC的一段话："融合教育是说所有学生都能够就近入学并受到学校的欢迎。他们在适龄的、正常的班级中接受教育，并在学习和在学校的一切生活中得到支持和帮助。"

我同实行融合教育的学校的老师谈话时，许多老师都对我强调，他们的经验显示，最受益于融合教育的实际上往往是那些非残障儿童。虽然融合教育创立的初衷是为了给那些残障学生创造一个平等的机会，减少对他们的歧视，但融合教育的指导理念却远远超出了残障领域。在一个融合的课堂中，每一个学生，不论残障与否，都受到同样重视；他都会被给予足够的空间和必要的协助使其潜力能够得到最大程度的发挥。我所访问过的实行融合教育的学校大多数都拥有创造性的、快乐的校园环境。在这样的环境中，所有教师、学生、教学助理和辅助员工都在共同努力，以发掘每一个学生的潜力。不过，融合教育对传统的教育模式提出了挑战，对任何一个社会中教育的本质和方向提出了严肃的问题。

这本书并不试图回答所有这些问题，它给读者讲述了一连串深入的故事。希望通过这些有趣的故事向各位提供信息，提出问题，并希望对读者能有所启发。我们希望该书的出版能为中国的融合教育和教育改革尽一份绵薄之力。

英华残障人教育基金会主席、残障与教育专家
郝曦（OBE）
2017年5月12日于北京

Respecting People Through Inclusion

This is a book of stories. Each one of us has a unique life story, reflecting our family relationships, our social and physical environments, our lives at school and work, our friendships, interests, passions. Our uniqueness is what gives us dignity, self-respect and value in the eyes of ourselves and others. In talking about education we are primarily talking about people, about individuals, about human stories. Every education system reflects the society in which it exists and the individuals it comprises. The system and the philosophy it represents will also feed back into the values of society. The extent to which schools value individual children reflects the extent to which people are valued in society.

My own experience as a student, teacher, parent and researcher tells me that no child ever enters school as a blank sheet of paper. Every child, however young, is informed by a plethora of factors: genetics, family situation, physical environment, social attitudes... so every child entering school has his/her unique story (however short) which influences his/her personality, emotions and ability to adapt. Schools that can embrace these differences are usually happy, creative places, where learning takes place in a spirit of mutual respect and personal and collective achievement. Schools that reject differences and attempt to mold children into uniform shapes, often fail, producing damaged children in a damaged society.

I grew up between England and South Africa, only coming to China as a student in 1980. In the 1970s South Africa, under white minority rule, practiced the policy of apartheid, by which different races (black, white and "coloured") were strictly segregated under different laws and systems. Education was no exception: as a white child I was able to attend a highly privileged school, with good teachers who accepted my visual disability with understanding. Black children, on the other hand, attended schools with poor facilities, large class sizes and often poorly qualified teachers. No school was allowed to accept children of different races, so from an early age children were taught to believe that people with a different skin colour were alien, threatening, unclean and, perhaps, morally inferior.

Thanks to my parents – both ardent opponents of apartheid – I learned from an early age that this sort of discrimination is unacceptable. Later in life I began to think more about the effects of education and apply these ideas to disability. If racial discrimination is unacceptable, why should disability discrimination be any different? Racial discrimination involves the objectivization and subjugation of certain groups and individuals, based on their appearance, ancestry, culture and history. It means that someone born with certain characteristics can never fully escape the social stigma imposed by those who consider their racial identity to be superior. Negative attitudes towards disability are not dissimilar, involving judgments about individuals often based on arbitrary assumptions. Disability might accompany any one of us through life, just as race, family and social environment might accompany us. It's just part of who we are.

This book – written and researched by two authors with profound understandings of both disability and education – explores experiences of inclusive education in eight different settings across the world. Stories from Henan, Shandong, Beijing, Taiwan, Penang, New Brunswick, England, Pennsylvania and New York have been chosen and intimately researched to give detailed insight into the lives of those experiencing inclusive education, classroom practice, school structure and educational framework. Each of the eight chapters also attempts to describe the history and process which has led to the adoption of inclusive practices, without ignoring the problems and challenges faced along the way. In selecting these stories the authors consciously sought out examples of "best practice" in inclusive education, in the firm belief that inclusion, internationally espoused by the Salamanca Declaration in 1994, should be an ideal for all education systems around the world. However, "many roads lead to Rome": inclusive education is not a rigid ideology. Creativity and flexibility should inform all its decisions: an acceptance that each child should be helped to find his/her own way to learn and to grow.

In searching for good definitions of inclusive education I came across the following: "Inclusive education means that all students attend and are welcomed by their neighbourhood schools in age-appropriate, regular classes and are supported to learn, contribute and participate in all aspects of the life of the school" (from Inclusion BC, a Canadian NGO).

Many teachers I have spoken to in inclusive schools have emphasised that, in their experience, the greatest beneficiaries of inclusive practices are often nondisabled children. While inclusive education has primarily been developed to create equal opportunities and reduce discrimination against people with disabilities, its guiding philosophy goes well beyond disability. Inclusive classrooms are ones in which each child, disabled or otherwise, is equally valued and given the space and support necessary to maximise his/her potential. Most inclusive classrooms I have visited are creative, happy environments in which teachers, students, classroom assistants and support staff are part of a community focussed on the realisation of each child's potential. However, such an approach poses serious challenges to more traditional forms of education, raising profound questions about the purpose and direction of education in any society.

This book does not attempt to answer all these questions. Rather it presents a series of in-depth stories with the purpose of informing, enquiring, entertaining and, we hope, enlightening each reader. We trust its publication will make a modest contribution to the discourse around inclusion and educational reform in China.

Stephen Hallett (OBE)
Specialist in Disability and Education
Chair, China Vision (UK)
Beijing, 12th May 2017

融合是教育的选择

特教与融合

现代学校制度自大工业时代在全世界兴起至今,特教学校就是残障儿童接受教育的主要场所。然而,人类社会在过去的半个世纪中迅速发展变化,当代从教者和社会公众开始反思现代学校制度,不断质疑现代教育中承袭自大规模流水生产模式的育人思路,对特教学校的批判也囊括其中。依照极端的工业思维,人与社会的关系就像零件与机器,人的价值在于维系社会这台机器的精密、高效运转。今天在融合教育领域成绩斐然的加拿大,曾在20世纪初以特教学校为工具,来实现治国精英们"净化社会、优化人种"的目标。特教学校就好像二次加工人类"残次零部件"的车间,残障人在特教学校里被剥夺人格和尊严,生活苦不堪言。这样的状况直到残障运动兴起才得到改变。

残障人和他们的家人对于教育的反思和行动领先于教育界。在二十世纪六七十年代,受到两次世界大战伤残退伍老兵的带动和鼓舞,不同国家的残障人士先后走上街头,敦促全社会反思残障人与所谓主流社会之间的关系,重新思考"残疾"、"正常"和"标准"等概念所蕴含的歧视与排斥,并且要求取消造成不公平的制度和法律。在各国的残障运动中,特教学校是受到质疑最多的领域。教育是个人享有平等权利的前置条件,与世隔离的校园、以治疗和矫正为目的的教育,根本无法为残障人赋能,残疾人也摘不掉"无能"和"不正常"的污名。

在这样的时代背景下，融合教育（inclusive education）逐渐成为教育界和残障人的共识。让残障儿童回归社区的普通学校，与同龄人一起上学，让残障儿童的家庭也回归常态生活，这就是1994年《萨拉曼卡宣言》的主旨。联合国教科文组织于1994年在西班牙萨拉曼卡召开的会议让融合教育正式登上国际政治舞台，从此成为特教学校之外的另一个选择。

2006年12月13日，联合国大会通过了21世纪第一份人权公约——《残疾人权利公约》。这是第一份由残障人全面参与并制定的国际法律。公约重申：残障人在与其他人平等的基础上享有或行使一切人权和基本自由；残障不是一种生理或者病理状态，而是个人损伤与有障碍的环境及不友好的态度相互作用的结果。公约对于残障的定义颠覆了传统上通过医学视角看待残障的思维模式。

我国政府于2007年签署了《残疾人权利公约》。这意味着中国成为这份公约的缔约国，必须落实公约规定的各项义务，包括在各级教育推行融合教育和终生学习。然而，如何在一个有着近14亿人口的大国推行公约所描绘的融合教育，这个问题并不简单。

根据世界卫生组织2011年发布的《世界残疾报告》，全世界15%的人口有一种或多种残障。世界卫生组织采用公约的残障定义，即残障并非个人的生理或病理状况，而是一个人在社会活动中功能受限的情况。根据这个比例推算，中国14亿人口中约有残障人2.1亿。根据我国自定残疾定义和分类标准，第六次全国人口普查及第二次全国残疾人抽样调查估算，截至2010年末我国共有残障人8502万，占我国总人口的6.34%。在我国自定定义和分类标准中，残障被残疾取而代之，残疾是指个人生理或心理上的缺损、变态及不正常。

教育改革与能力主义

根据联合国教科文组织提供的数据，发展中国家90%的残障儿童没有上学。根据我国残联等多部门发布的《残疾人状况及小康进程监测报告》，

2013年我国6～14岁残障儿童义务教育入学率为72.7%，低于当年同年龄段非残障儿童入学率99.7%。如果对比残障与非残障儿童在校生人数，则差距更为明显。依据《2015年全国教育事业发展统计公报》，义务教育阶段在校学生总数1.04亿人，同年全国残障儿童在校生共有44.2万人。44.2万是全国所有特教学校在校学生总数与普通学校附设特教班残障学生总数之合。据此计算，2015年在校残障儿童总数仅占全国在校儿童总数的0.425%，远远低于残障人在我国总人口中所占比例。

早在20世纪80年代中期，残障儿童入学率低这一问题就已进入政府视野。面对这一境况，政府大致可以提出两类问题。一类问题指向教育体制：为什么我们的教育体制容不下残障儿童？另一类问题则指向残障儿童：我们如何把他们安置在现有的普通学校，怎样才能让他们跟得上已经确定的课程进度？这两个问题代表了两种不同的教育观。提出第一类问题的人认为，只有能够满足儿童需要的教育才是好的教育。而后者相信，只有能力达到学校标准的儿童才是有教育价值的儿童。

回顾过去30年的教育政策，我国政府选择了后一条思路。从20世纪80年代起，政府开始在一些省份的农村及较偏远地区开展随班就读工程。所谓随班就读，就是鼓励普通学校招收视障、听障及轻度智力障碍的儿童，为当地三类残障儿童提供受教育机会。随班就读强调残障儿童的"能力"，这一点可从两部基于随班就读实践出台的法律窥见。无论是2015年修订的《中华人民共和国义务教育法》，还是2017年修订的《残疾人教育条例》，两部法律都有类似的规定：普通学校应当接收具有接受普通教育能力的残疾适龄儿童、少年随班就读，并为其学习、康复提供帮助。基于这样的政策逻辑，学校掌握决定权，多数学校的通常做法是招收轻度残障儿童，拒收中、重度残障儿童。这一现象30年来没有大的变化，残障儿童至今依然难以进入普通学校。

这样的现象并非只存在于我们的社会，生活在不同社会和文化中的残障人都常遭到他人以"能力"为理由的拒绝或排斥。如果不经过仔细的思考，我们已经习惯了按照能力的不同把人分门别类的做法。例如，教师常按照学生的应试能力把学生分为优等生、中等生和后进生，甚至据此设计出给优等生的尖子班或奥赛班，给中等生的普通班，甚至给后进生的"差班"。

在残障人与非残障人之间，这样的区分则更加明显。当一所普通学校对一位残障儿童说不的时候，它其实在说："你的能力达不到我们的要求，你适合特教学校，那里全是与你能力相当的人。"许多残障人士以及从事残障研究的学者把这种在身心差异背后或隐或现的为能力而论的思维方式称为"能力主义"（ableism）。与种族主义、性别主义一样，能力主义也是造成社会排斥、歧视和不平等的重要原因之一。

那么，我们究竟应当如何看待能力，又该怎样理解人与人之间的能力差异？

每个人的能力从来都不是孤立的。一个优等生背后往往有一个重视教育的家庭和赏识他的老师，更不用说在成为优等生之后，学校和社会给予他的宽容与鼓励，这些都是一个青年从教育系统中"胜出"的必要条件。重视教育的观念往往又与社会经济地位有关。在我们当前的社会环境里，生活在城市、衣食无忧的家庭往往更有能力为子女提供充足的发展机会。过去十年间进入清华大学和北京大学的城市学生是农民子弟的11.2倍，这一点也许是学生的所谓"个人能力"与家庭条件之间关系的有力佐证。

在学校里，被认为"能力差"的儿童往往是那些不受教师喜爱的学生。他们不受喜爱的原因很多，可能是穿着、外貌、举止，甚至是乡音。这些孩子一旦在一刀切的课程中掉队，他们就被划入后进生的行列。与成年人一样，孩子们在冷遇中也提不起兴趣学习和生活，他们也就戴实了"能力不足"的帽子。

以上谈及的能力主义只是一种形式。这种能力主义源自对于能力的过分简化，忽略了个人能力背后的社会、经济和家庭因素。还有一种更极端的能力主义，在我们的社会中，重度心智障碍人士是这种能力主义的最大受害者。

"这个孩子的智力水平还停留在两岁，相当于小狗的智力水平，目前可能还赶不上海豚，你说我们怎么能收下他？收下他其实是对他不负责任。"我们常听到心智障碍儿童的家长转述教师类似的说法。一个重度心智障碍儿童不但被认为不具有接受教育的能力，甚至有可能被判定"没有教育价值"。这种看法就是极端能力主义的体现：人不再是应当受到他人无条件尊重的个体，即使他最起码的人之为人的尊严也要靠可测度的能力来赚取。

能力主义不但剥夺个人的平等机会，而且将人异化成能力的载体。

信仰能力主义的人眼中的能力是一个人与生俱来的天赋，能力的大小反映了天赋的高下，而天赋的高下又体现着人的优劣。然而，能力主义者的想法可能过于简单，一个人的能力源自天赋，更取决于后天的发展和机遇。每个人都有属于自己的天赋，但是这些天赋是否能转换成确保自身生存、发展的社会功能，这与天赋无关，而是一个权利问题。诺贝尔经济学奖得主阿玛蒂亚·森认为"人的天赋得不到发展"是人为制造的贫困，这种贫困可能比通常意义上的经济贫困更可怕。无论人的贫富、阶级、种族、身心状况如何，都有权利获得社会、经济、文化、教育上的发展，这是人类基本的、无条件的、通行的人权。当人的权利被剥夺，他就落入了人为的能力的贫困。阿玛蒂亚·森从权利视角解读能力与贫困之间的关系，扩展了人类对于天赋、能力和贫困的理解，这是他获得诺贝尔奖的重要原因。

融合丰富了教育

教育是帮助个人把天赋转变成能力的必经之路，因此可以说教育是最重要的人权之一。保障每个人的教育权却并不是"打开校门"这么简单。每个人的天赋不同，个性迥异，保障儿童的受教育权，首先就要认可儿童的多样性。为每个人提供有意义的教育，需要教育以儿童为中心，而不是以课本、课程、方法、纪律为中心。

Luria Academy 是纽约布鲁克林区的一所学校。这所学校对于工作人员的要求可概括成这样一句话："在每个学生独立的道路上引导他。"（Guide each student on an individual path）这句话道出了教育的真谛：学生的学习之路各不相同，教师需要尊重学生的方式和选择，在每个学生的个人学习之路上给予指引。

如果教育能够以儿童的需要和发展为中心，那学校就没有理由惧怕学生的多样性，无论这种多样性源自语言、种族还是残障。维多利亚公园小学位于英国伯明翰一个多种族移民和难民混居区，学校494名儿童来自世界许多国家和地区，儿童们带来的语言就有40多种，残障儿童也占有相当高的比例。该小学为每个孩子提供机会，运用他们的想象力和社会企业家精神，解决身边的问题。孩子们参与活动的设计、实施和督导，不但培养了兴趣，还为社区做了贡献。该小学的每个孩子都是特殊的，但无论是语言还是残障，都不会阻碍他们享受生活，享受学习。

融合不是学校送给残障、少数族裔或者其他所谓困境儿童的福利。恰恰相反，是不同身体状况、阶级出身和文化背景的儿童丰富了学校的生态，成就了更好的教育。在河南省郑州市的奇色花福利幼儿园，接纳残障儿童让幼儿园走上了探索融合的道路。经过20年的实验和创新，奇色花创建了从教师到儿童、从家庭到社区的融合环境。融合教育也让这所幼儿园获得了儿童、家长和同行的认可。在20世纪90年代初的纽约，由于普通公立学校无法满足在校残障儿童的需要，导致许多残障儿童离开公立学校进入私立学校。有趣的是，流失残障儿童成了这些公立学校教育质量大滑坡的起因。早在1996年《纽约时报》的一篇文章里，纽约大学教育与公共政策研究中心主任（Norman Fruchter）就分析了这个"新"动向，说："越来越多的残障孩子离开主流学校，会导致学校面对残障学生的特殊需求时更加不知所措，然后会导致更多的特殊需求学生离开。"教育系统就此形成恶性循环——从缺乏残障学生，到不理解学生需求的多样性，到教学理念更加死板，再到失去更多残障学生和问题学生。学校之所以糟糕很大程度上其实是因为融合做得不足，不论是哪一种融合。

融合教育倒逼教育者和教育体制的管理者反思能力主义，质疑自上而下的课程设计思路。真正的融合教育对应试教育是釜底抽薪式的改革，这正是融合教育在我们社会难以被接受的原因。不过，难也要做，融合教育不仅是教育体制内的变革，还将对社会的发展大有裨益。人类进入21世纪，信息科技、生物科学和认知科学的迅速发展把全人类推入一个信息爆炸、思维和生活方式巨变的世界，只有具备研究能力、批判思维和创造性的人才能立足于这个巨变的世界，仅靠死记硬背在应试教育中胜出的年轻人已经不能成为合格的劳动者。实施融合教育就是改革教育，是从而提升劳动力质量的必经之路。

京西学校是一家在北京享有盛名的国际学校。京西的常务副校长（John D'Arc）在一封给家长的信中这样解释学校教学改革的初衷："从京西建立的第一天，我们的宗旨就是孩子的需求优先于体制的需求。我们不受任何国家的教学大纲的限制，当然我们的教学基础是IB（International Baccalaureate，国际课程）系列课程，而这套课程本身也是以孩子的求知欲为核心设计出来的，所以我们现在处在一个极佳的位置去探索一个真正以学生为中心的教育制度。我们的孩子这一代人跟之前完全不同，他们是身边实际社区中的一分子，同时也参与网络的虚拟全球社区，他们和世界的联系既是物理性的也是数字化的。我们给自己的下一代创造了这样一个世界，比我们父辈留给我们的更变化无常，更具有不确定性，更复杂，也更模糊。现在的学校形态曾经教育了几代人，但我们已经不能期待这种教育能够帮助我们的孩子为他们未来的生活做准备。"

反思，观察，讲故事

在过去三十年间，三个问题始终困扰我们国家的融合教育发展。一是选择之困：究竟要不要发展融合教育？二是理念之困：融合教育究竟是怎样的教育？三是方法之困：究竟怎样做才能让教育变得融合？突破不了选择之困，融合教育就只能是提高残障儿童入学率的权宜之计，无法触动教育体制的深层改革。不能突破理念之困，融合教育就停留在道德层面，关于教育体制的讨论变成了道德上的指责和辩护。突破不了方法之困，融合教育就退回到选择和道德的困境中。

本书的作者站在普通公民和观察者的位置上审视这三种困境。经过反复斟酌和讨论，我们选择为读者讲述生活在不同社会和文化中的人面对三种困境时想什么、做什么以及选择什么。本书共收集了8个来自不同国家和地区的故事，涉及从学前到高中不同阶段的教育。在四处追问、聆听和观察的过程中，我们发现行得通的融合教育实践一方面体现着不变的原则，另一方面又在不同的文化和社会中呈现出不同的形态。这些故事不是完美的融合教育榜样，故事中的个人、学校、地区甚至国家都曾经经历过并且正在经历选择、理念和方法的困境。之所以选择讲故事，是因为融合教育没有终极方案，他人的选择、行动和反思是我们希望在故事里与读者分享的东西。本书中所有的故事都是作者实地访问的结果，我们希望这些真实的故事能够为国内当下红火的讨论增添一些零星的火花。

最后，我们由衷感谢那些愿意向我们敞开校门和心扉的教师、家长、残障者以及其他受访者。事实上，我们打扰过的人远远超过书中的人物。由于精力和时间有限，我们只能把部分精彩的故事收录书中。不过我们始终认为，是每一位曾经与我们交谈的人给与了我们最珍贵的启发。

作者 倪震

专业词汇释义
Noun Explanation

（Inclusive Education）
融合教育 & 全纳教育

中国大陆所使用的"融合教育"一词来自香港和台湾的翻译，对应的英文可能是两个不同的概念——inclusive education 和 integrated education，后者更多的时候用于种族隔离和宗教隔离教育系统中的"融合"行为。比如，20世纪80年代初的北爱尔兰，天主教学校和新教学校泾渭分明，为了让孩子的成长不因为宗教原因而被隔离，一些民间组织开始倡导教育融合，政府的教育政策和资金也开始倾向于融合学校。在美国，对种族隔离教育体系的反省也指向融合教育，美国最高法院在1954年宣布种族隔离学校非法，保障非白人学生进入主流学校。

在教育领域，社会对基于残障的隔离的反思发生在对种族隔离和宗教信仰隔离的反思之后。1994年6月10日在西班牙萨拉曼卡召开的世界特殊需要教育大会上，88个国家与25个国际组织的代表通过了萨拉曼卡宣言，其中提出一种新的教育理念和教育方式——全纳教育（inclusive education）。全纳教育强调所有学生，无论残障与否，在主流学校中有接受教育的权利，并且教育环境和教师需要具备自我反省和调整的能力，以适应特殊需求学生。因为台湾和香港社会并不面对根深蒂固的种族和宗教隔阂，所以选择将 inclusive education 翻译为"融合教育"，残障权利运动兴起之后也没有必要更新这一概念。中国大陆则是在2007年签署联合国《残疾人权利公约》之后才开始接触这一理念的，同时受到西方社会和港台地区的影响，因此两词混用。

本书中，为了尊重台湾和部分大陆受访者的使用习惯，我们在一些案例中沿用了"融合"一词，使用英语的国家的案例则是根据原文对应翻译为"全纳教育"。但应当指出的是，我们在本书中和工作中所倡导的一向是 inclusive education。至于在更广泛的社会讨论中，使用"融合"也好，"全纳"也好，最重要的是对基本教育理念和专业性的理解，其背后的理论和操作无论如何不应等同于简单的"随班就读"和"主流化"，而是对学生受教育权利以及个人需求的尊重。

（IEP，Individualized Education Program）

个别教育计划

"个别教育计划"，简称IEP，是专门为全纳环境中有特殊需求学生制订的学习计划，是教育场所中合理便利的具体体现。在美国、加拿大等国家，IEP同时也是一份法律文件，进入学生档案，因其法律环境要求公立学校的教育工作者必须为每个特殊需求学生单独设计教育计划，以求该生教育成果最大化。

通常，一份IEP是由一个教师团队共同制订的，在这个过程中，负责该生IEP的特教辅导教师会定期组织IEP会议，要求所有参与该生教育的教师到场，征求家长和学生本人的意见。每个学生的IEP都需要每个月、每季度或者每学期定期回顾和调整，以反映学生的成长和变化。

（LRE， Least Restricted Environment）

最小限制就学环境

"最小限制就学环境"，简称LRE，其并非一个特定的场所，而更像是一个指导学生在何处就学的原则。这个原则简单说来有两点：特殊需求学生应当在最大程度上和同伴在主流学校中一起接受教育；如果选择任何隔离式教学（特殊需求学生去到资源教室、特教班、特殊学校等），必须是因为特定学生的某种学习需求是主流环境中的补充教学无法满足的，选择隔离式环境通常是临时的举措，也必须是根据学生个体需求衡量后才能做出的安排。

也就是说，LRE的目标是，确保特殊需求学生能够尽量在主流教学环境当中就学，不到没有别的办法的时候，不让学生去到隔离式环境当中。

（SEN， Students with Special Education Needs）

特殊需求学生

特殊需求学生不一定是残障学生，残障学生也不一定都是特殊需求学生。

任何学生都有可能在其就学生涯中的某一时间段成为特殊需求学生，比如，一个学生腿部受伤，需要在一段时间内更改上体育课的方式，或者一个孩子刚刚到一个新的国家，还不懂得该国的语言时，他们都是临时的特殊需求学生。

同时，一个残障学生的需求也并非永恒不变的，这些需求本身是动态的，很多时候在于学生本人和环境之间的互动。比如，一个使用轮椅的学生在无障碍设施完备的教学楼中可能并不需要太多合理便利；同时，多动症的学生在一个完全以教师为中心的课堂上就会需要很多支持和管理，但如果在一个以学生为中心的专题导向式课堂上，需求可能就会不一样。因此，一切都要以学生个人在特定情境下的需求为准，目标是为学生提供高质量的教育。

（Resource Room）
资源教室

资源教室是主流学校中另外设立的教学环境，为有特殊学习需求的学生个人或小组提供大课堂不能提供的有针对性的辅导或者治疗。

目前在世界各个地区的教育体系中，资源教室的使用方式各不相同，这在本书中就有各式各样的呈现。在马来西亚案例里面，资源教室更多是特教老师为视障学生准备材料和备课的空间，学生本身使用得并不多；美国、英国、加拿大等地普遍在努力减少资源教室的使用，甚至美国纽约的Luria Academy建立之初根本就没有资源教室，而是尽量将所有个人化及小组治疗辅导都融在普通课堂中。

（Educational Therapist）
教育治疗师

为保障残障学生接受高质量的教育，专业教育治疗师的参与必不可少，治疗的类型包括：感统治疗，语言治疗，职能治疗，物理治疗和游戏治疗等。

对于专业人员来说，医学治疗和训练是为了达到教育成果最大化的手段，而非目的。因此必须根据学生个人的学习需求制订有针对性的治疗和辅助计划，以配合学生的整体教育环境和目标。

（Labeling）
标签化

"标签化"是一个社会学名词，可以用在个人身上，也可以用于群体、地域等。标签化的结果可能是强化认知、自我认同，也可能导致不同程度的刻板印象。

教育中的残障问题对标签化行为格外敏感。因为不同社会环境对残障本身的了解程度不同，当社会认知普遍缺失时，如果完全避免对标签的探讨可能会失去提供进行公众教育的机会。对残障学生来说，很多时候他们身上的标签也就是他们接受特教服务的"资格"，但同时，过分标签化可能又会导致刻板印象，忽视对个人需求的具体认知，甚至导致产生歧视。

本书中的部分案例都有对标签化问题的具体探讨。

（Transitional Service）
转衔服务

对所有学生来说，学习的生涯都分为几个阶段，转衔服务帮助有特殊需求的学生在阶段转化时更好地适应新的环境，帮助学生和家长在每个节点做出最适合的选择，这样的服务也是 IEP 的一部分。这些节点包括：从小学到初中，从初中到高中或职高，从高中到大学或是工作岗位。

转衔服务在有些地区也称作生涯服务，指在所有节点上提供给学生和家长的咨询和准备工作。在欧美，转衔服务更多指心智障碍学生在高中阶段所接受的就业准备支持。

（PBL，Project Based Learning）

专题导向式学习

专题导向式学习是一种创新教学手法，指学生通过在一段时间内对一个具体问题或某一挑战进行深入研究和学习，获得知识和新的能力。

PBL 在以全纳为目标的教学系统中非常多见，因为它的灵活性可以照顾到每个学生的兴趣和需求，也能够给学生自主的时间和空间，以及一个真实的学习背景，以此来达到区别化教学的效果。

（Reasonable Accommodation）

合理便利

"合理便利"是联合国《残疾人权利公约》中的一个关键概念。与"无障碍"概念中的所针对的残障群体普遍性需求（比如为公共场所的台阶修建坡道）相比，合理便利更多是指一种针对个性化需求的灵活调整，因此判断合理便利合理与否寻求需要合理便利的残障人本人的意见非常重要。

教育当中的"合理便利"是指对课业和教育环境以及规范教育流程的有针对性的调整，以求保障残障学生在教育系统中平等参与，并享受同等教育质量的机会，满足学生的个性化需求必须是合理便利设计的核心。

目录
Contents

序言　　　　　　　　　　　　　　　　001
前言　　　　　　　　　　　　　　　　007
专业词汇释义　　　　　　　　　　　　001

第一章　奇色花，开在危机里
—— 一所融合幼儿园的成长故事

逃离福利院，来到奇色花　　　　　　002
藏着披着的融合　　　　　　　　　　003
融合的起跑线　　　　　　　　　　　005
还有更多的质疑　　　　　　　　　　006
学龄前教育，不属于义务教育　　　　006
第一次实验　　　　　　　　　　　　007
"融合是鱼，普教是水"　　　　　　　008
第二次实验　　　　　　　　　　　　009
汤姆和苏珊　　　　　　　　　　　　010
从专业到政策　　　　　　　　　　　011
许昌来的牛牛　　　　　　　　　　　012
毕业之后去哪里　　　　　　　　　　013
奇色花，开在危机里　　　　　　　　014

第二章　为了一个不一样的未来
—— 一位马来西亚视障儿父亲的倡导之路

全纳，从无到有　　　　　　　　　　　　　018
视障生的纳课堂　　　　　　　　　　　　020
永远有下一个战场　　　　　　　　　　　　022
一代人的改变　　　　　　　　　　　　　　023

第三章　英国，在多元的社会中探索融合
—— 一个家庭、一所学校和一个国家的融合教育反思与行动

上篇　英国教育简史　　　　　　　　　　　026
反对双轨制　　　　　　　　　　　　　　　026
择优选拔与社会平等　　　　　　　　　　　027
从"要不要做"到"如何做"　　　　　　　028
英国需要更融合的教育　　　　　　　　　　029
中篇　维园小学：变革铸造融合　　　　　　030
每个人都有不同的需要　　　　　　　　　　031
莫里斯校长　　　　　　　　　　　　　　　031
这一天，每个人都是作家　　　　　　　　　032
看得见、摸得着的思维工具　　　　　　　　033
香料从哪里来，到哪里去　　　　　　　　　035
基于挑战的课程　　　　　　　　　　　　　035
纳兹一家的选择　　　　　　　　　　　　　036
下篇　罗宾，融合是一种生活方式　　　　　037
幼儿园　　　　　　　　　　　　　　　　　038
小学　　　　　　　　　　　　　　　　　　039
中学　　　　　　　　　　　　　　　　　　039
职业教育　　　　　　　　　　　　　　　　040

未来 041

第四章　指向未来的教育
—— 一所国际学校对"精英教育"的反思

寻找"秘密花园" 044
"合顶石"项目 045
热情＋自律＝成长 047
IB 之外的选择 049
以信任来赋能 051
2021 年的教与学 053

第五章　隔离与融合
—— 融合教育在加拿大的发展历程

进步与隔离 056
一个家庭的抗争 058
家长领导的曲折变革 059
全家一起寻找融合 062
反思与和解 068

第六章　教育需求的精细切割
—— 台北的多元安置融合教育

对资源学生，到底要不要贴标签 072
从"零拒绝"到支持系统 074
"资源班比较像一个服务方案" 075
"请给我们自主权" 077
"学生的需求在哪里，我们的服务就到哪里" 078
从小学到中学 081

另一个楼道里的特教班　　　　　　　　　　083

融合是一种文化　　　　　　　　　　　　　086

全纳：亚洲模范生的下一个挑战　　　　　　087

第七章　城市边上的融合
—— 清平小学，校长引领的融合教育变革

三百米，从福利院到学校　　　　　　　　　092

全纳，先进来再说　　　　　　　　　　　　094

调整，绕不开的挑战　　　　　　　　　　　095

家校合育，全纳和城乡融合的根　　　　　　096

刘颖，与清平小学的偶遇　　　　　　　　　098

私心，"我希望获得别人的尊重"　　　　　　101

第八章　我们的学校，我们的社区
—— 美国城市私立学校和郊区公立学校
　　不同的全纳之路

麦克的教室　　　　　　　　　　　　　　　104

"长椅上的空位"　　　　　　　　　　　　　106

是理念问题，也是操作问题　　　　　　　　107

法律的细化带来全纳　　　　　　　　　　　109

参与运动和社区接纳　　　　　　　　　　　111

融合的缺失降低教育质量　　　　　　　　　113

这并不是校园融合理念第一次进入公众视野　114

长久自然的陪伴　　　　　　　　　　　　　114

投资老师　　　　　　　　　　　　　　　　116

尊重学生　　　　　　　　　　　　　　　　117

书评　　　　　　　　　　　　　　　　　　121

第一章

奇色花，开在危机里

—— 一所融合幼儿园的成长故事

摘要

经过20多年的挣扎、尝试、反思和坚持，奇色花福利幼儿园（以下简称"奇色花"）在缺乏融合教育的大环境中探索出一套学前融合教育的可行模式。以何鑫和牛牛的故事为线索，读者可以了解奇色花打磨融合理念的过程，在困难面前的选择及克服困难的方法。

阅读提示

科研对于草根组织同样重要。面对怀疑、质疑和压力，奇色花通过先后两次对照实验理顺了普教、融合与特教之间的关系，确定了机构的发展方向。

如果说融合教育是鱼，那么鱼儿赖以生存的水就是优质普通教育。有了鱼儿，水也变得更有生趣。

奇色花的发展历程是融合教育在中国的一个缩影。20年前，为了在巨大的质疑面前继续开展融合教育，奇色花曾经"藏着掖着"办学。20年后，因为没了原先的大园子，奇色花转而探索学前教育的社区全纳模式。作为一所民办幼儿园和一家民间组织，奇色花做出过许多重大妥协和让步，不过每次妥协都不曾背离融合教育的理念，始终开在危机里。

自 1996 年以来，奇色花福利幼儿园共有 3000 个毕业生，包括 236 位特殊需要儿童。

何鑫幼时有许多特殊教育需要。如今，何鑫已是一位玉树临风的年轻人，不但能自如地独立生活和工作，而且他的多数特殊教育需要也已经只是回忆。

为了接受我的采访，何鑫推掉了与同事们的约会。此刻，他坐在沙发上，我坐在他的旁边。大概是想到就要讲述从前的生活，何鑫有些局促。

"你们部门有几个同事？"我故作轻松地问。

"就我一个人，我们大部门总共 12 个人，我和其他几位同事在一个办公室。我负责消防这块，相关的事情都由我负责，除了设备维修和新员工培训。我主要负责设备验收和日常的维护，还有每天的日常巡视……"何鑫连续地说，眼睛看着茶几，偶尔看向我，又迅速瞥一眼墙上的挂钟。

"对现在的这份工作满意吗？"我看向何鑫，又转向牛姐，何鑫的妈妈。

"现在的工资比我都高！"牛姐开心地说，"他很能吃苦，上学的时候寒暑假去给人家发传单，打各种短工，他跟我说要靠自己谋生。毕业之后也换了几个工作，现在这份工作比较理想。我和他爸爸真没有想到何鑫能有今天。"

逃离福利院，来到奇色花

1999 年的一天，看着蔡园长抱着何鑫走进院墙边的一间教室，牛姐赶紧转身出了院子。她不想留在幼儿园，留下来就会有人试探和攀谈，她什么都不想谈……

等自行车行出几十米，牛姐的心情才稍稍地平复下来。何鑫出生 3 年了，3 年里只有两次经历让牛姐的心情稍稍释然。今天顺利地把何鑫留下算一次，另一次是在两年多之前。那次与此刻有些相像，同样是骑在自行车上，同样是匆匆地离开一个院子。唯一不同的是，这一次何鑫留在了院子里，上一次她带着何鑫匆匆地逃离。

那时候，10 个月大的何鑫还只有 4 斤，医生认为他脑瘫伴有智力发育迟缓，一只耳朵听力很弱，并且有一只眼睛有较弱的视力。公公婆婆让牛姐把何鑫送到福利院，还派了何鑫的姑姑陪同。牛姐伤心、生气，不过还是随小姑子到了福利院。但她知道，福利院绝不会接收父母健在的残障儿童。

骑在自行车上，牛姐回头望了一眼幼儿园的门——"郑州市奇色花福利幼儿园"。她试着笑了一下，扬起的嘴角扯得喉头发紧。从逃离福利院到进入幼儿园，牛姐当然为何鑫骄傲。不过想到仅仅两周前，丈夫单位的幼儿园以"其他家长担心何鑫的'眼病'会传染给他们的孩子"为理由，逼着她把何鑫带走，牛姐还是不能放下一颗悬着的心。

"好在，这次何鑫上的是特教部，其他人大概说不出什么。"牛姐默默地想。

藏着掖着的融合

蔡蕾与何鑫走进的那间教室是奇色花的特教部，从表面上看，这是奇色花专为特殊需要儿童设立的部门。家长们包括牛姐，都以为走进特教部的孩子会一直待在那间教室里，与普通孩子井水不犯河水。这样的猜想让普通儿童的家长放心：没有什么会打扰到他们的孩子。特殊需要儿童的家长也不会反对，医生、路人甚至家人都已经把他们孩子的特殊之处强调了千百遍，他们不怪罪类似的分离措施，甚至心存感激。

在奇色花，年级没有大中小，只有苹果、橘子和草莓。蔡蕾带着何鑫来到草莓班，把何鑫放在正在摆积木的普通幼儿中间。何鑫就这样开始了幼儿园的生活。由于吐字还十分困难，何鑫还不能通过语言与小伙伴交流。不过在奇色花，音乐、游戏和语言都是孩子们交流的媒介。因此，在老师的协助下，何鑫并没有落单。

蔡蕾和草莓班的几位老师一起观察孩子们的状态——从发音、吐字到交流、绘画，从粗大动作到精细动作，从认知到音乐和艺术。何鑫自然不知道关于他的评估正在进行，甚至自己吃午饭需要哪些协助都被老师们记录下来，作为进一步需求分析以及提供支持的根据。

四点钟一过，孩子们完成了一天的游戏，他们突然想到父母就要来了。老师们开始为家长的到来做着准备。何鑫也回到特教部，与一部分小伙伴临时组成了一个特殊的群体。特殊与普通又回到了人们习惯的平行状态，迎接家长的到来。

牛姐来了，没说上两句话就带着何鑫匆匆地走了。熙熙攘攘过后，幼儿园安静下来，但是它的一天还没有结束。蔡蕾和几位老师凑在一起研究今天的观察记录。他们根据经验，为何鑫制定了一个支持方案。不过，那时的奇色花团队并不知道这个支持方案在世界其他地区叫做"个别教育计划"，也没有意识到奇色花已经算得上是融合教育领域的先驱者了。

许多年后，何鑫在一次公开场合的分享中这样回忆他在奇色花的生活："来到奇色花以后我真的很开心，因为我认识了很多好朋友。这里的老师像妈妈一样呵护着我、爱着我。当时的我语言有障碍，说话说不清楚，只有我的妈妈能听懂我在讲什么，和老师、小朋友们沟通起来很困难，可是每一位老师还是会耐心地倾听我要给她们说的每一句话、每一个字。幼儿园的老师们给我制定了个人方案，一对一地教我。一个简简单单的发音，一句简短的话，一个小小的动作，普通的孩子可能三五遍就学会了，可是对于我来说就没那么简单了。看似一个简单的发音和一个不起眼的动作，我可能就要练习十遍、二十遍甚至上百遍。一个系鞋带的动作我就学了两个月才学会。我依然记得当时蔡老师拿着一面小红旗在我眼前对我说：'何鑫，慢慢地吸气呼气，吸气呼气……'她很有耐心地重复着同样一句话，就是为了锻炼我的发音和运气。我还记得有一次下大雪，雪花从天上一片一片地飘落下来，我站在幼儿园院子的正中央，抬起头注视着天空，伸出双手，自我陶醉般地背起了我刚学会的一首儿歌：'而撒而撒欧而撒，乐撒啥撒是五撒，灰到鹅里都不站……'（一片一片又一片，两片三片四五片，飞到河里都不见。）虽说发音很不清楚，但我还是完整地背下来了。当时班里的小朋友都围在我周围为我鼓掌。完了以后我和小朋友一起打雪仗的时候，不知是哪位小朋友抓了一把雪向我扔了过来，一下把雪球扔到了我的小眼镜上了，不过我还是很开心。这难忘的一幕永远留在了我的记忆里。老师的坚持和同学的鼓励让我明白虽然我比别人慢了很多，但只要努力我还是可以做到很多事情。"

融合的起跑线

"何鑫在奇色花这几年让我的心定了。看到何鑫一天天地变样，语言、认知、运动技能一天天地变好，我真的看到了希望。何鑫真的从融合中受益，后来上小学、上中学，我就坚持让他在我们学区的普通学校上学。虽然他总是班里的倒数第一，但是我从来没有担心过，这就是何鑫在奇色花的那几年给我的信心。"

牛姐把对奇色花的恩情装在心里，也挂在嘴边。与千千万万特殊需要幼儿相比，何鑫的确没有"输在融合的起跑线上"。

何鑫出生于1996年。这一年，郑州市纸袋厂幼儿园开始招收唐氏综合征、脑瘫、自闭症等特殊需要幼儿。蔡蕾从1991年建园之初就担任园长。在1991年至1996年的六年里，这所幼儿园的办学质量有口皆碑，各路家长争相送子女到这里入托。因此，蔡蕾相信这所幼儿园在周围家长的信任账户里积了不少分数。

不过，第一批特殊需要幼儿的出现引起了一场完全超出想象的轩然大波。普通儿童的家长纷纷带着自己的孩子转学，他们不愿意让自己的孩子和一群"傻子"一起上学。面对家长的愤怒和行动，蔡蕾什么都做不了。只能说，人们对于残障的偏见太顽固了，顷刻间透支了信任，还留下了不容争辩的质疑。

等要走的都走了，原先的118个学生就只剩下31个。除了生源骤减造成经费紧张，更严峻的是质疑的声音并没有随着人们的离开而减弱。年轻的老师带着孩子们做户外活动，周围的居民指指点点：

"这妮儿准是找不到工作才来带傻子。"

在质疑声和巨大的经营压力面前，蔡蕾和老师们并没有否定自己的选择。不过，这种"一意孤行"并不能赢得同情和支持，幼儿园被迫从公办转为民办，开始了从那时至今20年的探索。转型之后的幼儿园更名为七色花，意在强调幼儿的多元和共荣。后再次更名为奇色花，"在多元和共荣的基础上，我们用'奇'字突出每个生命都是奇珍异宝，需要平等的尊重和爱护。"蔡蕾说。

还有更多的质疑

那时候,质疑不仅来自普通幼儿家长和社区居民,一些所谓高知识、高学历人士也不理解这些民办教师的动机。不管是在市政服务窗口还是在普通公众面前,人们总是反复提出:"这些孩子接受不了教育,医生能治的赶紧去医院,医生治不了的还有福利院,轮不到你们瞎操心。"

"学龄前教育本来就不是义务教育,国家都没说这种孩子需要上托儿所,你们为什么自讨苦吃?"

"你们又不是特教学校,为什么要接收傻子,自找麻烦?"

虽然狭隘、偏激,这些话也说中了制度中的问题:对于幼儿教育的忽视,医疗完全凌驾于残障人的教育需要之上,以及普教和特教、普校和特校的普遍分离。

学龄前教育,不属于义务教育

在中国大陆,3到6岁幼儿的教育被称为"学龄前教育",不属于义务教育。换句话说,接受学龄前教育不是每个幼儿受法律保护的权利,幼儿园也没有义务确保所有幼儿都能接受教育。既然如此,幼儿家长可以选择心仪的幼儿园,幼儿园也可以自主决定招收对象。

少了法定义务的约束,许多幼儿园办园的宗旨就不再是普惠和公益。不少民办幼儿园倾向于开办服务特定人群的高价幼儿教育课程。公办幼儿园则清晰地限定服务群体——机关单位的职工,最低要求也是持有本地户籍和拥有当地房产者。与此同时,手握资源的家长也在选择幼儿园。有人信任公办园能聚集优质的教育资源,有人偏爱民办幼儿园的高端国际范。经过这样的双向选择,幼儿园找到了自己的客户群体,实现了"人以群分",家长也对于幼儿园的事务有了更多的话语权。

在进入奇色花之前,牛姐和何鑫还尝试过另一家公办幼儿园。何鑫入园后两个星期,园方就下了逐客令,理由是"其他家长担心何鑫的'眼病'会传染给他们的孩子"。在奇色花招收的特殊需要幼儿中,绝大多数都有流浪多家幼儿园并且最终被拒绝的经历。

在奇色花，普通幼儿与特殊需要幼儿的比例是 8∶1。这样的比例符合人口中非残障人与残障人之间的比例，是人类社会的常态。不过在转型之后的头几年，维持这样的比例并不容易。特殊需要幼儿随着家长慕名而来，少有普通家长主动选择奇色花。

根据基础教育研究中心 2008 年和 2012 年发布的《学前教育发展报告》以及教育部 2015 年发布的《〈国家中长期教育改革和发展规划纲要〉中期评估》多份材料，全国学前教育普遍存在资源分配不平均的现象，即中西部远落后于东部，农村远落后于城市，处境不利的儿童远落后于其他儿童。

可以说，不属于义务教育的学龄前教育，为一些阶层提供了双向选择的机会，也合理化了针对另一些群体的歧视和排斥。

第一次实验

当牛姐带着何鑫第一次来到奇色花的时候，这所幼儿园刚刚度过了最艰难的探索期。在 1996 年的那场风波之后，剩下的 31 名幼儿中有 15 位特殊需要幼儿。除了外界铺天盖地的质疑，奇色花内部也有一个大问号：究竟应当如何为这 31 个孩子提供合适的教育？

"当时我们没有接触过融合教育的理念。在幼儿园设立特教部，让所有特殊需要幼儿在特教部学习，这是当时能想到的最直接的方式，也是家长和周围人最能接受的方式。"

特教部成立后，奇色花采取了"时段融合"的策略，即特殊需要幼儿少数时间与其他幼儿一起活动，多数时间在特教部接受个训。所谓个训，就是一位教师面对一个特殊需要幼儿，试图通过反复、高密度的训练帮助特殊需要幼儿掌握某项知识或技能。

蔡蕾回忆说："一对一个训确实能让幼儿短时间内在某个具体领域取得较大进步。然而接受个训的幼儿压力很大，因此容易发脾气。他们看起来很不快乐，很少有笑容。另外，幼儿很难将通过个训掌握的知识运用到生活中，也就是做不到学以致用。与此形成鲜明对比，在融合中掌握的知识，孩子们就能用得出来，而且会带着兴趣去学习。例如，相比一对一的训练，小朋友们一起观察、触摸和分享苹果,能更有效地帮助特殊需要幼儿记住苹果并且了解它的特点。"

为了让特殊需要幼儿更快乐,让所有幼儿获得更有质量的教育,蔡蕾邀请特教部和普教部的所有同事一起讨论"今后的教育究竟应当怎样做"。

"我们反复地讨论……根据常识和多年普教经验,我们达成共识:特殊需要幼儿首先是幼儿,他们的身心发展规律与普通幼儿是一致的。所有儿童的认知发展、人格发展都遵循着由简到繁、由不完善到完善的发展规律。"

1997年,奇色花撤销了特教部,成立了"融合教育科研小组"。这一年,科研小组从小中班选出3名不同类别的特殊需要幼儿进行重点研究。经过一年的时间,全体老师共同总结出了一套"随班听课、融合游戏、补救性训练"的学前融合教育方案。1998年,在前一年的基础上,科研小组又选择了4名特殊需要幼儿作为重点研究对象。又经过一年的跟踪观察和记录,科研小组以数据证明了"全融合的游戏性教学对特殊需要儿童的价值"。

"融合是鱼,普教是水"

在世界许多国家和地区,促使普通教师尝试融合教育的因素有很多。在经历了融合教育所必需的反思和教研之后,普教老师能够成为更好的老师,这是最重要的因素之一。蔡蕾常说:"如果说融合教育是鱼,那么鱼儿赖以生存的水就是好的普通教育。"这个比喻反过来也是成立的:有了鱼儿,水也变得更有生趣。

2004年,刚刚从洛阳市幼专毕业的梁田来到奇色花,成为这里的一名教师。回忆起选择奇色花的原因,梁田说:"在学校,我们学习的内容都围绕幼儿发展的五大领域(健康、语言、社会、科学和艺术)展开。在来到奇色花之前,我在几所幼儿园实习过,几乎到处都在逼着孩子学习,完全是小学的教学内容。我感觉他们都没有按照五大领域的要求做,这让人感觉很不舒服,也很为孩子们的发展担忧。来到奇色花,发现这里完全符合学校里学到的内容,并且还在不断地摸索怎么让孩子们在包括五大领域的所有方面获得更好的发展。"

杨哲于 2014 年来到奇色花。和梁田类似，她也在几家幼儿园实习过，得到了与梁田类似的发现："上学的时候特别喜欢高宽模式（High-scope），鼓励幼儿主动探索，自助成长。到了一些幼儿园，发现教学完全跟着定好的课程内容走，忽略孩子的天性，老师和孩子都很累。后来来到奇色花，发现这里的氛围很好，尊重孩子，尊重每个人。来之前我对特殊需要幼儿没什么太多的了解，来了之后发现这是一个非常有趣而且专业性很强的领域。作为一个幼教老师，我感觉在这里我能学到更多的东西，能获得对教育更深的理解，将来能成为更好的老师。"

第二次实验

在 2003 年之前，奇色花的教师全部来自普教背景。当总结走上融合之路的头八年时，蔡蕾这样说："从 1996 年到 2004 年，我们没有理论指导，只是凭着自己的信念和经验在往前走。虽然摸索出一些东西，但是面对外界的质疑和压力，我们也怀疑过自己，不知道我们是不是为孩子们选择了最正确的道路。"

2003 年，奇色花引进了几位特殊教育师范专业的毕业生，期望他们的特教专业能够帮助奇色花在融合的道路上走得更稳。新老师到来后，奇色花内部有了两种声音：一些人主张让特殊需要儿童与普通儿童完全融合，另一些老师主张特殊需要儿童应当从普通幼儿中独立出去，以便他们能够获得更好的服务。

随着特教和普教老师之间的分歧越来越大，化解分歧的唯一办法大概就是两条路都走一下，让第一手的经验给出答案。老师们把一部分特殊需要幼儿从融合的环境中抽离出来，再次成立了一个特教部。特教部有独立的教学和活动空间，由具有特教背景的教师负责。其余的特殊需要幼儿依然留在融合的环境中，由主张融合的教师负责。双方希望通过这样的实践透视融合与分离、普教与特教的优缺点。

实验在 2005 年进行，总共持续了两个月就被迫中断了。在此期间，分离的特殊需要儿童的确在某些能力上进步明显。如果仅从能力发展来看，实验结果似乎又一次告诉人们，分离式的特殊教育模式更有利于特殊需要儿童的发展。

然而，这两个月里发生了许多让老师们意想不到的事情。当研究项目进入到第六十天的时候，这天下午一位特教部的老师刚刚走出教室，门就在她的身后反锁了，哭声和喊声随后从反锁的门里面传来。小刚用一只手把小丽按在地上，另一只手揪住头发把小丽的头往地上撞。更多的老师闻声赶来，大家透过门上的窗户看着房间里正在进行的欺凌，一时间竟然无计可施。门上的玻璃窗是前几天特意装上去的，为的就是保证老师能够从外部观察屋里的情况。现在，这扇玻璃窗却成了阻碍：如果破窗而入，碎裂的玻璃可能伤到屋里的孩子。正在犹豫之际，小刚已经放开了小丽，又一把拖住小光，再一次施展了他的手段。

在老师们商量对策不到 10 分钟的时间里，小刚几乎把所有同学欺负了一遍。老师们最终破门而入才制止了屋内的暴力。全体教师坐下来反思事件的起因。有一种声音试图证明，只要撤掉门的锁，类似事件就可以避免。不过所有老师都注意到了其他一些现象。在融合的环境里，孩子们的眼神是灵动的，而进入隔离的环境之后开始变得呆滞和空洞。两个月以来，孩子们的情绪开始变得越来越坏，小刚和其他几个儿童的情绪爆发比从前频繁得多。这些现象都与房门能否反锁没有关系。渐渐地，老师们甚至觉着，小刚的这次行动似乎是一种报复，他或许是在用这种方式挣脱隔离的生活。

汤姆和苏珊

多年的坚持给奇色花带来了关注和资源。从 2004 年起，奇色花时常迎来一位国际志愿者夏梅立女士。她不但热心参与奇色花的各类活动，为奇色花提供了巨大的支持，而且成了奇色花与世界融合教育之间的第一位使者。2006 年，在夏梅立女士的引荐下，汤姆和苏珊来到了奇色花。

汤姆和苏珊是中国之友基金会的成员。汤姆的专业领域是沟通障碍（Communication Disorders），苏珊的专业背景是普通教育和特殊教育。

"我们来到这里的第一天，被孩子们和老师们的热情淹没了。当我们在院子里走过的时候，孩子们热情地向我们打招呼。孩子们对苏珊说的是'阿姨好'，对我说的是'爷爷好'，这是我们初到奇色花最喜悦的瞬间。"汤姆说。

通过一对一辅导，汤姆鼓励教师仔细观察幼儿的行为，运用视觉提示和各类涂卡，引导幼儿在设定的游戏或活动情境中学会表达和交流。苏珊则是奇色花所有教师的融合教育教练和顾问，为大家解释融合教育在美国的开展策略及方法。苏珊和奇色花的团队一起制订教学计划，找出问题的解决方案。

汤姆和苏珊始终强调："游戏即工作，游戏是达成学习目标的重要方式，游戏为幼儿提供交流和交往的机会。教师要在游戏和活动中回应所有幼儿的需要。"

"我们希望帮助教师能够与每一个幼儿建立互敬互爱并且相互回应的关系，让幼儿的各种行为有效融入活动中。我们示范了如何观察幼儿的行为，如何让幼儿主导他们的游戏和活动，如何用幼儿的兴趣创造学习和互动的机会。"汤姆这样总结他和苏珊在奇色花的使命。

"以前，我总是把班里的特殊需要孩子放在离我最近的地方，时时刻刻盯着他们。我觉着，只有这样才能给他们最好的教育。这样久了，其他孩子越来越注意到特殊需要孩子身上的缺点，他们之间似乎有一种竞争关系，这让我很为难。汤姆和苏珊告诉我，应该放手让特殊需要孩子回到群体中间，然后仔细地观察每个孩子的特点和动向，及时作出回应。刚开始，我很不习惯。不过慢慢的，这样真的见效果。孩子之间的关系越来越自然和平等。没有某个孩子占据教室中心的时候，每个孩子都成了教室的中心，整个教育就动起来了。"梁田这样回忆两位友人带给她的启发。

"对于我们来说，汤姆和苏珊就是彷徨和迷茫中的灯塔。他们带给我们很多东西，每一样都至关重要。他们让我们知道融合的方向是正确的，其他国家已经这样做了，并且为我们带来了有效的策略和方法。他们还帮助我们确认，游戏就是幼儿的工作，音乐是灵魂。"蔡蕾这样说。

从专业到政策

在汤姆和苏珊的协助下，老师们对教育的理解逐渐向融合的方向汇聚。团队的专业成长加上扎实的教学成果吸引了越来越多的资源。台湾财团法人第一社会福利基金会为奇色花送来了专家资源和技术指导。通过世界银行和国务院扶贫办的项目,奇色花的学前融合教育模式得到了进一步完善。这所民办幼儿园逐渐成为世界先进教育理念和技术在河南省汇聚的地方。

　　前瞻性的政策离不开良好实践孕育的土壤。随着奇色花的不断成长,学前融合教育逐渐进入政策制定者的视野,省教育厅领导多次肯定"奇色花模式"。2013年底,教育部制订了《特殊教育提升计划(2014—2016)》,各省政府相继依据本省情况出台了具有不同侧重点的省级提升计划。在所有省份中,河南省是唯一一个在全省公立幼儿园推行学前融合教育试点工程的省份。河南是人口和农业大省,教育资源总体并不丰富。根据基础教育研究中心发布的《学前教育发展报告》显示,河南省的学前教育发展水平在全国范围内较为落后,与全省教育的总体状况相当。把这样的背景因素考虑在内,河南的政策突破就显得更加难得。

许昌来的牛牛

　　2009年,牛牛出生在河南许昌,他是一个经历丰富的小男孩。3岁时牛牛被医生诊断为自闭症。当整个家庭还没有弄明白自闭症究竟意味着什么时,牛牛的父亲首先做出了他自己的决定——离开这个家,重新组建家庭。这一切对于牛牛来说都太复杂,他只记得到了南京又到了北京,姥爷、姥姥还有妈妈四处求医。

　　在南京,一位医生告诉牛牛姥爷,对于牛牛来说,最好的治疗是在融合的环境中长大。于是,全家人又四处打听融合教育幼儿园。一次偶然的机会,姥爷听说郑州市管城区有一所奇色花福利幼儿园,是全国较好的融合教育幼儿园。经过短暂的安顿,牛牛全家搬到了郑州市管城区,在奇色花附近租房落户。

　　这时的奇色花在融合教育领域完全找到了自己的模式,相比何鑫上学的时候又进步了许多。经过家访和观察,老师们为牛牛制订了个别融合教育计划,把牛牛编入草莓班。

　　牛牛比班上其他小朋友晚入学一个星期。在他来到班上之前,老师们通过幻灯片和视频向小朋友介绍了这个还没露面的新朋友。"他喜爱运动,不太喜欢说话","他喜欢安静,请大家轻轻地对他讲话"……

牛牛入园几天之后，针对他经常用手捂住耳朵、眯着眼睛、低着头从人群中跑开的习惯，几位老师拟定了一个支持方案。与同龄人相比，粗大动作是牛牛的优势，体育运动是牛牛的爱好之一。同时，在集体中牛牛愿意承担责任，并且有较强的荣誉感。基于牛牛的这些特点，老师拜托牛牛保管学校的音箱。每次课间，牛牛都快速地抱起音箱，把它送到指定的老师手中。活动结束后，牛牛又飞快地跑到老师那里，把音箱运送到原先的地点。刚"入职"的时候，牛牛对音箱充满了好奇，甚至还有些恐惧。他悄悄地观察着音箱，从不同角度端详着这个能发出巨大声音的怪物。在触碰一两次之后，牛牛发现音箱一动不动，是一个不会动的怪物。虽然敢于近距离接触音箱，牛牛还是害怕声音。不过由于承担运送音箱的职责，他在运送的途中两只手都被占用，因此没法向从前那样捂住耳朵；并且因为有责任在身，牛牛必须睁开眼睛抬起头，观察路况和周围的小朋友，因此即使在室外，他也不得不抬起头。慢慢的，牛牛竟然习惯了这样的状态，就是在一趟趟的运送途中渐渐地习惯了高分贝的声音和较强的光线。当回忆在奇色花最初的这段时光时，牛牛的妈妈说："老师们对牛牛的帮助太大了。我们都知道，牛牛自身的很多特点可能很难消除，但是老师们用了所有的方法帮助孩子学会与自己的这些特点相处，学会与周围的环境打交道。牛牛在奇色花后面几年进步更快，但是老师们总体的思路没有变，目标都是帮助孩子在融合环境中生活。"

毕业之后去哪里

　　刚过了7岁的生日，牛牛到了接受义务教育的年纪。然而与奇色花另外一些已到学龄的特殊需要小朋友一样，没有人知道他们应当去哪里上学。

　　与奇色花同处管城区的实验二小是郑州市六所融合教育试点小学之一。在牛牛一家到郑州之初，姥爷就不惜代价购置了一套实验二小的学区房，为的就是让牛牛将来有在这所小学上学的机会。然而随着实验二小在特殊需要儿童家长当中知名度越来越高，学校招收的特殊需要儿童随之增多。在这所学校尚未探索出成熟的融合教育模式之前，学校在招收特殊需要儿童方面面临不小的压力。因此，牛牛能否进入实验二小依然是一个未知数。

除了实验二小之外,牛牛一家还有两个备选方案。如果在郑州找不到接收牛牛的普通小学,一家人将会迁回许昌,至少回到家乡上学和生活的成本要低得多。不过,姥爷的另一个期望是奇色花能与更多的小学建立联系,能通过幼小衔接服务让更多的小学向特殊需要儿童敞开大门,帮助牛牛顺利地过渡到小学阶段的学习和生活。

在过去 20 年间,奇色花共有 236 位特殊需要毕业生。老师们始终希望为孩子们提供优质的幼小衔接服务。当时这项工作进入了更扎实的推进阶段。牛牛就在幼小衔接班为来年的升学做着准备,姥爷期待的幼小衔接服务有了实质的进展。不过,正当牛牛一家和幼儿园的老师们信心满满之时,一场变故不期而至。

奇色花,开在危机里

在 25 年的历程里,奇色花总共被迫搬家五次。这一次,幼儿园被迫搬进了两所民宅,办学规模从接近 260 名儿童减少到两所民宅能承受的极限——不到 50 个孩子。

牛牛一家和另外几个特殊需要儿童家庭再一次随着奇色花搬到了新的地方。牛牛的姥爷说他们无条件地认可奇色花,幼儿园到哪里,他们跟到哪里。问题是,没有选择让他的信任和忠诚变得有些沉重。一些普通幼儿也随着来到了新的园舍,不过由于距离和场地规模的限制,更多的老学生只好选择其他的幼儿园。

走进两所民宅之一,三室两厅的房间划分成六个区域。进门的左手边是一个宽敞明亮的客厅,这里包括了建构区和美工区。孩子们在客厅分成小组,或者画画,或者搭积木。美工区从客厅延伸至阳台,小画家们在客厅里准备工具和材料,到温暖、明亮的阳台上挥洒创意。与阳台和客厅相邻的另一个房间是科学区和图书区,孩子们在各类魔方、拼图游戏和绘本故事中玩耍、徜徉。累了,小朋友们就挤在宽敞、光洁的飘窗边小憩。另有一个小房间与房子的大门遥遥相对,这里是娃娃家,孩子们在这里扮演不同的角色。这里也是大家共同制作水果拼盘的区域,水果拼盘从这里送往不同的房间供大家分享。在走出整套房子前的左手边,一排整齐的衣架和台子是大家的储物区，冬天五颜六色的小棉衣和小书包把这里填得满满当当。

蔡蕾说："2016年是奇色花成立以来挑战最大的一年。我们没了大园子，这件事如果发生在10年前，那时候的奇色花根本跨不过这道坎儿。不过现在不一样了，我们对自己所做的事业确信，对团队的专业能力有信心，所以大家不慌。现在我们变成小的幼儿园，这其实给了我们探索社区幼儿园模式的机会。我们希望将来把全纳教育带入更多的社区。当然我们也在政府和社会各界的帮助下，积极寻找适合奇色花原先大幼儿园和如今小幼儿园的场地。"

在社区全纳中心刚刚落户阳光城小区的时候，小区居民会时常聚在一起小声议论进进出出的特殊需要孩子。一些带着小宝宝的家长有意地避开，不让自己的孩子与特殊需要幼儿照面或者玩在一起。小区内执勤的保安人员也常常躲避有特殊需要的孩子，当他们不得不在孩子们面前走过的时候，就只好装作视而不见。在中心落户3个月之后，社区居民的态度悄然转变，大家开始向奇色花的老师们询问特殊需要幼儿的情况。看到特殊需要孩子躺在地上，一些居民会上前帮忙扶起，还会有一些鼓励和交流。那些带孩子的家长不再躲避，当奇色花的孩子们外出活动时，一些家长会带着自己的孩子跟在后面。他们虽然依然紧张和好奇，但已经不再指指点点。有时候，一些家长甚至带着孩子参加奇色花的户外活动，其间还常常与特殊需要幼儿互动。保安的态度也发生了变化，当特殊需要孩子离开队伍时，保安会微笑着善意提醒，甚至会帮助孩子们归队。

2016年是《特殊教育提升计划（2014—2016）》的收官年，河南省开展的学前融合教育试点项目进入第二年，试点幼儿园数量从2015年的45家增加到73家，在园特殊需要儿童353名。在这项工程中，奇色花的作用无法忽视，它不但是全省试点园的典范，而且是全省融合教育巡回辅导的重要专业力量。回顾奇色花自1991年成立至今的历程，每一次转型都带来动荡和未知，但每次跨过困难之后都会迎来专业上的进步以及融合教育在河南省的发展。这一次是"20年来最大的坎儿"，不过这所小小的民办幼儿园在融合的道路上依然坚定。

这是危局中的机遇，也是奇色花扎根的土壤。

第二章

为了一个不一样的未来

—— 一位马来西亚视障儿父亲的倡导之路

摘要

这是一个马来西亚华裔家庭为了全纳教育做出的努力。为了儿子能够在普通学校就学,张友泽联合其他家长和国内外非政府组织,进行多年不懈的倡导,见证了针对视障儿童的全纳项目在马来西亚从无到有的过程。

阅读提示

NGO和家长的协作模式:专业公民社会组织做大范围内的政策倡导,家长在地方平行合作,与地方官员共同成长,提供具体解决方案。公民社会组织需要积极参与政府目标制定,并提出具体时间限制和要求,为未来进一步跟进做准备;家长则需要从专业角度尽量跟进孩子的学习,关注教室、考场中的合理便利,以及资源教室的合理使用。

家长小组联合行动有效果,但建立正式机构不一定是最有效率的方式,需要选择灵活有效的方式。家长起监督作用,与政府官员共同成长,家长在议题上的长期坚守,会成为政府工作的助力。

全纳试点可以避开"精英学校",以中等规模、班级较小、思维灵活的学校为突破口。

12月底的槟城仍然烈日当头,街道上车流滚滚。我推开位于老城一隅的静安茶室的木门,脱掉鞋,光脚踩在冰凉的大理石地面上,关上门,屋内安静得只听得到客人翻书和倒茶的声音。伴随着这难得的丝丝凉意的,是茶室尽头一个年轻男孩小提琴独奏的乐曲声。同样光着脚的小提琴手看起来斯文瘦弱,一件短袖白衬衣,牛仔长裤的裤腿微微挽起,露出纤细的脚腕,每首曲子之间他略显青涩地调整姿势和情绪,一旦进入到音乐当中就显得投入而自信。几曲毕,茶室的听众轻轻鼓掌致意,和我同坐的年轻妈妈走上前去牵他过来,这时我才知道,这个15岁的男孩就是张展烽。

全纳,从无到有

小展烽出生于一个马来西亚华裔家庭,父亲张友泽是一名电子工程师,母亲吴梅娴因为孩子的眼疾,选择全职在家照顾他。从五岁上幼儿园一直到三年级,展烽都是在特殊学校度过的,当时马来西亚的普通学校并不提供能够支持视力障碍儿童的全纳教育。直到2006年,父亲张友泽才在当年的世界盲人大会(World Blind Conference)上第一次听说"全纳教育"这个概念,回到槟城,他立刻着手做了相关研究,并于当年就开始向教育局申请在槟城开办能够支持视障儿童在普通学校就学的项目。

很幸运的是,马来西亚的教育部部长在2006年恰好也参加了同一届世界盲人大会,这让张友泽有了一个很好的倡导基础。听完小展烽的故事之后,这位教育部长当场许诺,他支持视障学生参与到主流教育当中。张友泽知道,虽然教育部长的意愿很好,却并没有任何具体的计划,作为一个国家政府的高层,他是不太可能亲力亲为去操办这样一个项目的,如果自己和其他视障儿童的家长不借这个机会努力推动的话,这个美好的愿望可能永远都只是一个愿望。于是,之后的3年,张友泽不断给槟州州政府的教育部写信,并主动上门,要求会见政府官员,专门讨论视障儿童上普通学校的问题。在这个过程当中,他慢慢结识了一些同情他的处境的州政府官员,这些官员开始帮他联系联邦政府级别的官员。这个时候他更加意识到,虽然很多高级别官员经常参加国际会议,参与很多关于全纳教育的国际讨论,很多新的教学手段和理念对他们来说都不陌生,但要在马来西亚落地实现全纳教育这样的理念，单单靠等待是远远不够的。

张友泽说话轻声细语，彬彬有礼，但每一句话都很坚定："我当时就感觉，我需要做一个咄咄逼人的'坏人'。如果想要政府官员动手做事情，我需要尽可能地给他们提供最充分的信息。"张友泽说他的大部分研究得益于因特网，同时，因为他是国际视障儿童家长协会的会员，其他国家的家长，特别是那些来自欧洲和美国的家长，会依照他们自己国家的经验给他提供指导。每隔一两个月，当张友泽感到自己积攒了一些有用的信息之后，他就会整理好，亲自送到州政府和联邦政府教育部，和官员们分享自己近期所学。"我只是想告诉他们，我对这件事情很关注，我是真的想要推动这样一个全纳教育项目，你们如果有什么犹豫，我来帮你们寻找解决方案。所以每次有任何一个官员提出实际操作的问题，我都会回家做我的功课，下一次见面的时候，我就已经把针对那个问题的解决设想写好了。"

"家长的决心很关键，我需要让这些官员知道，我是不会等的。"在全球各地推动全纳教育项目的历史当中，槟城的步伐算是较快的。"政府官员总是会有各种原因去怀疑和犹豫，毕竟这些新的项目肯定需要他们去申请资金，他们自己的工作中也需要增加工作量。但是，作为一个家长，这些不是我需要考虑的东西。"

实际上，马来西亚当今的社会氛围并没有达到对残障人士完全接纳，但政府在 2006 年颁布的教育蓝皮书（Malaysia Education Blueprint）中作了承诺：到 2015 年，全国将会有 30% 的残障儿童进入全纳教育环境就学。根据马来西亚全国儿童早期干预委员会（National Early Childhood Intervention Council）的调查研究，这一目标在 2015 年实际上并没有达到。NECIC 的主席（Dr.Amar-Singh）和他的同事曾经参与撰写蓝皮书里的残障相关内容。在 2015 年底，回首过去 10 年的倡导工作，他对张友泽说："目标没有达到并非最糟糕的事，我们倡导组织要做的就是提醒政府他们曾经作出的承诺，对他们提出新的要求和时间限制，并持续给出实际解决方案。"这些也正是 NECIC 和其他 47 家联合倡导机构在全国做的事情。最新发布的教育蓝皮书 2015—2025 承诺：到 2025 年底，将会有 75% 的马来西亚残障儿童进入全纳教育系统。

回到 2006 年，当时刚刚接触到全纳教育概念的张友泽开始和一批身边的视障儿童家长联合起来，在槟城当地开展针对当地官员和家长的倡导活动，和 NECIC 在全国以及政府层面主导的全纳教育政策倡导平行。

近 10 年之后的今天，残障儿童家庭在马来西亚大致有三种不同的教育模式可供选择：1. 按照学生的残障类别分类的特殊学校；2. 普通学校内专门为残障儿童开设的特殊班级；3. 普通学校的普通班级，配合资源教室的支持。展烽 2009 年开始进入槟城一家公立小学上四年级，一年之后，槟城的视障学生几乎都被囊括在视障全纳项目当中。短短几年内，张友泽和其他视障儿童家长努力推广的专为视障儿童设计的全纳教育项目已经被全国范围内的公立学校采纳。

视障生的纳课堂

展烽目前就学的中学全校有不到 400 名学生，其中有分布在不同年级的 7 名视障学生，以及专门为这些视障生建立的资源教室。资源教室有盲文、大字版、电子版书籍和文件，随时可以帮学生和老师进行格式转换，也有凸起图形和地球仪等教具，让视障生能够在学习几何和地理这样需要视觉辅助的科目的时候有一个直观的认识。

每天早晨，展烽背着他的点显器来到学校，第一件事就是去资源教室，领取资源老师给每个人准备好的当天的教学资料，有的人需要电子版，有的人需要盲文或大字版，有的人可能需要其他相关教具。所有这些资料，都是资源老师提前和各学科教师一起制作和整理的。迅速领好资料，和资源老师以及同学们简单交流之后，视障生们就分散到各自的课堂中开始一天的学习了。如果哪个视障生在一天的任何时候需要新教学资料，或者寻求其他帮助，都可以随时到资源教室找老师帮忙，但大部分时间里，不论学科教师还是资源老师都鼓励学生更加独立、运用自己的智慧和资源解决遇到的问题。

在马来西亚，法律规定，对有特殊需求的学生，师生比例要低于 1∶5，也就是一个老师最多对 5 个学生。展烽的资源教室里一共有 7 名学生，因为分散在不同的年级甚至学制里，学校配备了 4 个资源老师，外加一个教学助理。这些资源老师大部分的时间用于和学科教师沟通，一起设计课程，这样不但视障学生可以提前拿到课堂所需材料，且资源老师因为长期辅导视障学生，跟孩子以及家长的沟通很频繁，了解他们的需求和学习方式，可以指导学科教师在设计课堂活动的时候考虑到视障学生的学习需求，调整教学大纲，确保他们能平等参与。

普通学校的老师和学生就是在这样一点一滴的磨合当中了解平等的真谛的——平等绝非所有人都是同等待遇，残障学生的"特殊待遇"，或者说"合理便利"本身，是为了补偿他们在一个标准统一的大环境下被忽略的个体需求。

展烽对待学业非常认真严肃，像所有15岁孩子一样，除了课堂学习之外，他也关心自己的考试成绩。现阶段，很多欧美国家已经开始给有特殊需求的学生使用电子试卷，这样既简便，又减少制作试卷的额外开销。马来西亚和其他一些亚洲国家在重视标准化考试的大环境下，仍然担心电子试卷有容易泄露等弊端，坚持用纸质盲文和大字试卷。这就意味着，在同等时间内，视障学生是不可能完成所有题目的，因此特殊教育法也专门规定，视障学生可以有额外50%的答题时间。也就是说，如果非残障学生的考试是一个小时，视障学生的考试时间可以延长到一个半小时。展烽从小学习盲文，至今在课堂上还是每天使用盲文点显器，所以他的盲文阅读和打字速度相当快，即便如此，他觉得额外的考试时间仍然不够，"每次都答不完题"。

经过了4年特殊学校、6年普通学校的学习，当被问及更适应哪种教学环境时，展烽说："当然是普通学校，因为普校教学进度更快，老师不会刻意因为我的残障而放慢教学，或者干脆让我学更简单的东西。在特殊学校，很多时候老师担心大家学不会，刻意讲得很慢，经常一个章节的内容到了该考试的时候都讲不完，但其实班里每一个人学习的速度也都是不一样的，有快有慢。反正我宁可努力学习跟上普校的课堂节奏，也不愿意在完全没有准备的情况下去参加考试，考的东西学都没有学过，上考场心里不踏实。并且，我也不喜欢被限制只能和其他视障同学在一起玩，现在在普校，我可以和很多不同背景的学生交朋友。当然，我现在的朋友里面还是有过去在特殊学校的视障同学，他们中有的也是和我一起转到现在这间学校来的。"

谈到和非残障学生交朋友,展烽并不觉得是件困难的事情。他认为每个人都有自己的长处,对于他自己来说,因为成绩好,班上别的同学经常来问他问题,他都会很耐心地解答,久而久之,他在集体里找到了自己的位置,成了不可或缺的一员。

永远有下一个战场

虽然15岁的展烽已经在接受有质量的融合教育,他自信,快乐,在学校成绩优秀,张友泽却并不觉得自己的任务已经完成。

就在半年前,学区决定把展烽目前就读的公立学校改制成英国教学制度的预科学校,并准备把视障融合项目整体移到该岛的另一个社区里,同一个更大的学校合并。对于政府来说,这样的合并既节省资金,又方便管理,但对于这所社区学校的7个视障儿童家庭来说,他们就需要放弃已经适应了的环境,脱离生活的社区,为了上学每天跨海奔波。于是张友泽联合了这7个家庭,再加上本社区小学的11名家长——因为他们的孩子未来有可能面临同样的命运——一起写了一封联名信,递交给社区政府官员。一周之内,这些家长收到了回复,他们的孩子可以留在社区学校。

张友泽曾经创立过一个正式机构,但并不觉得十分有效果,管理上要花费的精力太大,同时,很多被机构吸纳的家长还是缺乏主动性,宁可等待,宁可寻求帮助,而非联合起来向政府倡导,去实现自己的愿景。张友泽认为,他的经验里面,最成功、最有效的还是一些积极家长之间的非正式倡导联盟。

"我最早认识了NECIC的主席Dr. Amar-Singh,是他鼓励我创立一个家长支持小组,并且帮我和很多家长以及其他做全纳教育倡导的人联系起来。我们后来基本上就是几个核心家长互相协作。当你有一群家长联合起来面对政府的时候,你是有力量的。我们曾经最多的时候有40个家长一起联名给政府官员写信,这个方式在马来西亚很有用,官员看到这样的信之后就会有压力,要立刻行动,因为他们把家长视作他们的'顾客',需要努力去倾听'顾客'的意见。"

张友泽虽然对自己的"顾客"身份很自信,但也不放松和政府官员建立正向关系,槟州教育局特教办公室的主任就是他的"老朋友",因为在推进全纳教育的路上他和政府官员是在共同成长的，也因此结下了友情。这些官员了解张友泽的初衷，明白他做事情是出于对自己孩子的关注，更是为了视障孩子这个群体，同时，张友泽的存在是对这些官员本人工作的一种助力。这样的信任是长期努力、长期坚守的成果。张友泽说他对第二梯队的官员也有持续的关注，提早开始培育合作关系，确保换届之后仍然可以持续推动全纳教育更多的细节。"现在槟州的特教主任在我刚开始做倡导的时候也只是第二梯队的一员，后来他成了领导的时候，我们已经结成了'革命友谊'，事情推进就容易许多。不过他两年之后要退下来，好在我已经找到了他的下一任。"说到这里，张友泽脸上露出自信的笑容。

一代人的改变

茶室的侍者端来一杯热巧克力奶给展烽，为了奖励他刚才精彩的表演，这杯饮品是茶室工作人员专门做给他喝的，展烽很有礼貌地致谢。这时候我才知道，展烽从 8 岁开始学琴起，经常到茶室来免费演出，特别是比赛或者正式演出之前，都会过来给茶室客人拉琴，也算排练。一家人和茶室的工作人员已经非常熟悉了。除了小提琴，展烽还在槟城地区参加很多其他社区活动，他认为只有自己大胆参与到社会当中才会纠正公众对残障人的偏见。不过，每一次面对一个新环境，展烽仍然希望能尽量做好准备："下周开学，我要转到一个新学校去了，那个学校有五六百个学生呢，好在我已经提前去观察了环境。"

展烽上过的几个学校在槟城都算中等规模、中等水平的公立学校，每个班级有 20 多个学生。像许多具有精英教育传统的亚洲国家一样，马来西亚也有很多重点学校。这些学校因为名气大，标准化考试的成绩好，在望子成龙的家长们心目中非常热门，于是申请的学生很多。班级人数一般都要超过 40 人，学生之间竞争很激烈。这种学校的教学理念和全纳教育的接纳原则很不相符。"即使我们能够成功倡导这些精英学校接收残障学生，孩子进去之后也不会得到关注。"张友泽认为中等水平的学校可能更适合做全纳教育的突破口，因为这些学校没有那么抢手，需要生源，也乐于为了学生做出改变，有意愿把全纳教育当作自己的教学特色。

除了残障学生之外，这些学校对不同种族、宗教和家庭背景的学生的接纳程度也更高。马来西亚是一个多民族、多重信仰的国家。在槟城的街道上，可以看到不同肤色、穿着不同服饰的人。清真寺、教堂、寺庙散落在大街小巷。展烽说，在学校里，同学们大都在英语、马来语、普通话三种语言中间自如切换，大家对彼此的信仰和文化背景都很尊重。在这样的环境里，残障仅仅被视作一种"不同"，而非异类。

"这将是一个很漫长的过程，正因为有了这些残障孩子在普通学校里就学，同非残障学生生活在一起，才能经年累月地不断纠正大众对残障人的偏见。如果2025年的马来西亚真的能够实现75%的全纳教育目标，到那些孩子长大的时候，也就是二三十年之后，我们的社会将是一个不一样的地方。对于我这一代人来说，我们对残障人是很陌生的，不知道如何跟他们相处，因为我们从来没有在一个空间里面生活过，"张友泽看看儿子说，"我希望他们这一代人长大后会不一样。"

第三章

英国，在多元的社会中探索融合

—— 一个家庭、一所学校和一个国家的融合教育反思与行动

摘要

本文共分三篇。上篇考察英国教育制度变迁的历史，分析政治、阶级和社会风气如何影响教育制度从双轨向普惠演变。中篇讲述一个英国学校如何在面对极度多元需求时做出改变，最终通过深度反思和创新为所有儿童实现优质的融合教育。下篇呈现一个家庭的教育哲学和成长历程，展现一个家庭如何为子女和周围的人塑造融合环境。

阅读提示

上篇，特教学校产生自基于阶级和贫富的双轨制教育制度，而融合教育与追求公平和普惠的教育制度相伴而生、相辅相成。

沃尔诺克报告是英国融合教育发展史中重要的里程碑，推动了从"要不要做"到"如何做"的转变。这次研究是政府以学术研究为工具，理解社会现实、推动教育改革的成功案例。

中篇，维园小学真正以儿童为中心，放弃统一、僵化的课程，基于生活中的挑战为每个儿童设计课程包，以便最大限度地发展儿童的想象力和社会企业家精神。经过这样的改革，极度多元的教育需求问题迎刃而解。

下篇，家庭对于罗宾的接纳是平和的、无条件的。家庭的接纳赋予每一次选择和每一种生活方式独特的含义，是融合教育和社会融合的基础。

上篇　英国教育简史

过去两百年间，英国的教育改革曾有过不同的考量和利益诉求：从满足基督教会传播教义的使命，到贵族阶层"培养文雅之士"的理想，再到当代对社会平等和融合的追求。英国的融合教育就在多元的诉求中曲折发展，探究这一过程或许有助于我们理解融合教育。上篇抓取英国融合教育从无到有、从隔离到融合的关键节点，为读者提供参考，为中篇和下篇提供社会和制度背景。

反对双轨制

虽然进入20世纪之后丰富和多元是英国社会的主要特点，不过在20世纪之前，英国社会被一套严苛的阶级系统把持。贵族、中产阶级、贫民之间贫富和社会地位差异巨大，贵族和中产阶级掌控着资源和话语权。从18世纪后半叶到20世纪初，英国教育呈现出明显的优等教育和次等教育并行的双轨制。一方面，公学和文法中学为贵族和中产阶级子女提供优等教育，旨在把他们送入高等教育，或者把他们培养成医生、文官等专业人才。另一方面，初等教育主要由教会学校和贫民学校提供，目标是把穷人的子女培养成工厂所需的劳动力。工人阶级接受的初等教育只包含英文、算数以及一些技术类课程，在教育质量上远远落后于贵族和中产阶级的优等教育。

进入19世纪后半叶，双轨制教育遭到工人阶级和开明人士的反对。工人阶级在工业革命中兴起，是英国工业的中流砥柱，却只能获得次等教育，他们自然要反对双轨的教育制度。此时恰逢社会平等的理念席卷欧洲，英国的许多开明人士也是这场运动的重要推动者，教育不再被看作是富人和权力阶层的特权，而是应当被所有人享有的权利。1861年，英国大众教育皇家委员会（The Royal Commission on the State of Popular Education in

England）发布了《纽卡斯尔报告》（《New Castle Report》）。这份报告指出，在双轨制教育系统里，全国只有不到四分之一的儿童能够获得有质量的初等教育。9 年之后，《初等教育法》出台，该法主张纠正双轨制教育，政府应当确保为所有阶级的儿童普及优质初等教育。

在双轨制教育系统中，为残障儿童提供教育属于双轨制中次等教育的分支。19 世纪中期，一些普通学校出于善心为少数视力和听力障碍儿童提供教育，一部分残障儿童被安置在普通班级，另一部分则被安置在附设的特教班。这种善举是公立特殊教育的雏形。特殊教育的进一步发展始于纠正双轨制的运动和立法。虽然 1870 年的《初等教育法》没有提及残障儿童的教育，不过这部法律提出的"普及初等教育"的原则为民间倡导提供了依据。慈善组织协会（the Charity Organization Society）开始为视力、听力障碍儿童的受教育权发声，一段时间后他们的倡导也顾及到心智障碍儿童受教育的权利。

随着初等教育体系趋于完善，一部更加完备的《初等教育法》于 1893 年颁布。该法将学生的离校年龄提高到 11 岁，同时将义务教育延伸至盲童和聋童。这部法案标志着反对双轨制教育的运动取得了成效，英国公立特殊教育也由此开端。在这项议会法案之后，特殊教育学校开始涌现，残障儿童逐渐从普通学校转入特教学校。

在 20 世纪初，特教学校还被看作是先进的教育形式。在这样的背景下，特教学校迎来了又一次升级，这一次依然与工人阶级对于现行教育制度的反抗有关。20 世纪初，工人阶级成为成熟的政治力量，代表工人阶级的工党推行平等、普惠的教育政策，确保国家为普通小学和特殊教育学校提供经费。1924 年，工党首次上台执政，深刻地影响了英国的政治氛围和教育政策，特教学校的发展也从中受益。

择优选拔与社会平等

在二战期间，英国教育遭战争严重破坏。为了恢复教育、重建经济，英国政府于 1943 年发表《教育改革白皮书》，其核心建议是法定教育应当包括初等教育、中等教育和继续教育三个有序连接的阶段。1944 年，联合政府颁布了一项激进的新法案——《1944年教育法》(《巴特勒教育法》)，建立了全新的"三分中学制度"（tripartite system of education）。根据这项法案，政府提供免费中学教育，学生的离校年龄推迟至15岁，在11岁时每个学生必须参加一次附加考试。依据考试分数，成绩最优的学生进入文法学校，分数次之者进入技术中学（接受职业训练），其余的学生进入现代中学。

这是一套精英教育制度，一切选拔基于所谓学术成就，社会背景不再纳入考虑。表面上，这套制度进一步挑战了英国基于阶级的双轨制教育传统，因此在初期得到了许多中下阶层家庭的欢迎，穷人的孩子似乎看到了通过努力进入大学、加入中产阶级的可能。但是到二十世纪五六十年代，越来越多的人开始批评这项制度。人们发现，虽然少数出身贫寒的青年依靠天资和勤奋在竞争中胜出，但是多数教育机会依然被出身中产阶级或贵族阶级的青年把持。究其原因，考试成绩的比拼实际上是教育资源的争夺，更好的社会经济地位意味着能占据更多的资源，看似平等的竞争背后依然是长期存在的阶级差异。

《巴特勒教育法》和"三分中学制度"也没有为残障儿童提供更加平等的教育。在强调学术表现的同时，《巴特勒教育法》过度看重每个儿童的学术天资和能力。依据这样的思路，残障儿童被人为分成十一个类别，一些儿童被因此判定"不具有受教育能力"（uneducable）或者"在教育上次等的"（educationally subnormal）。普通学校被视作非残障儿童的学校，残障儿童只能在特教学校里接受教育。

从"要不要做"到"如何做"

工党对《巴特勒教育法》及"三分中学制度"始终持批评态度。为了实现更真实的平等，1965年，工党政府发布《中等教育的结构》的通报，要求各地政府废止针对11岁儿童的考试，合并文法、技术和现代中学成为招收所有儿童的综合学校（comprehensive schools）。在综合学校制度下，接受优质教育不再是权贵和天才的专利。

综合学校制度为整合教育资源、改进特殊教育提供了契机。根据1944

年《巴特勒教育法》，教育应当符合儿童的年龄、能力和意愿。强调儿童能力反映了当时的教育哲学，即儿童应当适应学校，而不应当让学校适应儿童。从1944年到1970年初，特殊教育成效不佳，难以帮助残障人在劳动力市场上找到工作。1973年，时任教育大臣的撒切尔夫人任命玛丽·沃尔诺克（Mary Warnock）领导一支多学科研究团队，全面审查英国在特殊教育领域的政策和实践。经过5年的研究，沃尔诺克团队发布了著名的《沃尔诺克报告》，提出一体化教育理论（integrated education）。报告认为残障儿童应当被看作有特殊教育需要的儿童，儿童与儿童之间的特殊教育需要并无本质差异，只有程度不同。这份报告还指出，在所有儿童中约有20%有特殊教育需要，其中约2%的儿童需要较为复杂，可能需要分离的教育环境，其余18%应当在普通学校接受教育。

根据《沃尔诺克报告》，每所学校都应当建立自己的支持体系，为特殊需要儿童提供支持。同时，《沃尔诺克报告》还提出了"残障声明制度"，即当学校无法满足残障儿童的需要时，校方需为残障儿童向当地政府申请"残障声明"。一旦给予"残障声明"，政府将围绕残障儿童的需要组建由多领域专家组成的支持团队，满足儿童的需要。《沃尔诺克报告》提出的许多建议被《1981年教育法案》采纳。

如果说1893年首次设立特殊教育学校解决的问题是"要不要为残障儿童提供教育"，那么《沃尔诺克报告》希望解决的问题是"应当如何保障残障儿童的教育权"。从"要不要"到"如何做"，表面上是看待问题的角度不同，事实上却体现了教育理念的革命。英国用了将近一个世纪才完成了这个角度的转变。

英国需要更融合的教育

《沃尔诺克报告》促成了从医学分类分级到特殊教育需要、从"要不要做"到"怎样做"的转型。然而当时的一体化教育与今天的融合/全纳教育依然存在不少区别。一体化教育不认为普通学校能够接纳所有儿童，总是有一小部分儿童需要在分离的环境中接受教育。相对融合教育，一体化教育不够重视教育方法的改进和创新，更多是从资源和效率的角度出发，考量残障儿童的安置形式。

有时候,更大的挑战带来更深刻的变革。在过去的 50 年里,大量移民来到英国,深刻影响了英国社会的政策、文化和价值,多元的英国社会因移民而变得更加丰富多彩。在移民群体中,残障、贫困、语言、性别和阶级等因素往往相互叠加,移民儿童给英国教育带来了更多元的需要。如果珍视多元和平等,英国社会就必须探索更普惠、更优质的教育。英国需要更加融合的教育。

为了实现这一目标,英国各届政府采取了多项改革措施。布莱尔任内的工党政府采取了公办民营改革(School Academy)。一些陷入困境的公立学校转为公办民营,独立于政府的公办民营信托委员会邀请有能力的教育家担任这些学校的校长,主导学校改革。相比普通公立学校,公办民营学校在教学、资金和学校治理方面有更大的自主权。在这项新制度下,一些能够善用自主权的公办民营学校开展了理念、教法和课程的深入改革,为困在量化标准和官僚体制中的学校松绑,让学校教育回归"以儿童为中心"的理念。

中篇　维园小学:变革铸造融合

当地人喜欢把维多利亚公园小学简称为"维园小学"。这是一所公办民营学校,位于英格兰伯明翰斯梅斯维克区。斯梅斯维克是一个多种族聚集区。几十年来,来自亚洲、中东、北非和东欧的新移民,来自世界各地的难民以及当地人共同组成了一个复杂、多元的社区。由于治理不力,种族主义盛行,冲突和暴力时有发生。虽然近些年当地的紧张形势有所改善,不过包括维多利亚公园小学在内的公共部门依然常常受到恐怖袭击的威胁。

从前的维园小学好像是斯梅斯维克地区的翻版,教学质量差,学生行为问题严重,师生关系紧张,类似问题不一而足。2006 年,英国教育标准办公室(OFSTED)把这所小学的综合表现评为"不合格"。在此后的 7 年里,这所学校的教育质量始终难以改善。真正的改变从 2012 年开始,根据英国教育标准办公室 2016 年发布的全国学校评估结果，维园小学的综合表现名列前茅。凡是了解斯梅斯维克地区的人都会问："这样的地区怎么会有如此优质的教育资源？校长和老师们做了什么，让这所学校发生了翻天覆地的变化？"

每个人都有不同的需要

2016 年，维园小学有 499 名学生。本地学生只是这里的少数群体，多数儿童来自世界各地，为学校带来了 40 多种语言。不仅如此，这些儿童大多刚刚来到英国，不但没有学过英语，就连家人也对英语完全陌生。

丰富多样的语言只是维园小学面临的挑战之一。在所有的差异中，给学校带来挑战最大的是一些儿童曾经经历的伤痛。"许多孩子来自战乱中的国家。他们可能看到亲人在爆炸中丧生，可能目睹了邻居被人杀害……如何帮助这些孩子抚平创伤，重新振作，这是学校必须面对的挑战。"莫里斯校长说。

在 499 名学生中，41 名学生有特殊教育需要。其中，13 人获得了"残障声明"，意味着他们的需要较为复杂，已经获得了政府最高额度的经费支持。然而在维园小学，用"特殊教育需要"特指残障儿童似乎有些不妥，毕竟这里的每个儿童都有不同的需要。残障儿童再也不是通常情况下的二元（残障和非残障）之一，而是丰富人群的一部分。换句话说，在如此多元的环境中，残障显得有些普通。

莫里斯校长

"教师应当是知识和经验的译者，用诚实、通达和美好的方式，教会任何人任何东西。"心理学家杰罗姆·布鲁纳在他的著作《教育的过程》中这样解读教师与学生和教育之间的关系。这句话道出了莫里斯校长的教育观，莫里斯校长用自己的方式把这套哲学分享给全校的同事。

"尽管一个孩子可能有特殊教育需要，可能想从学校要一份免费午餐，可能不会说英语，可能他的父母很穷，可能他总是没法完成作业而且看起来永远不可能有那个能力，可能他很懒、调皮或者对学习没兴趣；或者他很暴力、有很多情绪问题，对事情毫不在意，身上散发气味；或者就是不喜欢你。但是无论是哪种情况，你都应该知道他是可教之才。请永远不要告诉我，这个或者那个孩子是没法教育的。早年我在伦敦担任校长时，有太多的老师向我抱怨孩子的能力差或者责备孩子的条件差。对于这些来找我抱怨的人，我会告诉他们：'你有可能教不了这些孩子，因为很明显你还不知道应该怎样教。但是，这说明不了什么，尤其不能说明这些孩子是不可教育的。好的教师能做得到，所以你现在就应该去提高自己的能力。'

"我始终认为教师是一份高贵的职业。作为一名教师和校长，我总是在具有挑战的、多文化的环境中工作。我的学生来自世界上每一个角落，每个人都说着不同的语言，每个人的需要都不同。这种情况给我们的工作带来了无穷无尽的机遇，同时也带来了挑战。我们要做的就是拥抱这些挑战，化挑战为优势。要做到这一点，学校就必须有胆略，同时要有为儿童和教师赋能的信仰。无论每个人的背景和能力如何，他都能学到任何需要学习的东西，这样的教育才是一个高贵的职业。"

这一天，每个人都是作家

"在一所有着40多种语言的学校上写作课，这对于任何一个人来说都会是一场噩梦。"来到维园小学之前，大概许多人心里都有这样的想法。

周一早上，索菲亚随着妈妈来到学校。她们刚刚走到校门口，爱丽丝就热情地迎上来，牵起索菲亚的小手向妈妈告别，然后开心地走进学校。爱丽丝是索菲亚的教学助理，今天她会一直陪在索菲亚身边。

早上的校园似乎比往常还要喧闹。有一些同学聚在校园里，围在一个巨大的动物周围，仔细地观察着。索菲亚也被它吸引了，她一下子就辨认出那是一头骆驼。她见过图片里的骆驼，上周又刚刚学习了骆驼的习性。本来是爱丽丝牵着索菲亚往教室走去，现在是索菲亚拉着爱丽丝向骆驼跑去。

原来，这个周一是全校的写作日。写作日有一个响亮的口号，"这一天，每个人都是作家"。这一天的校园总是与众不同，甚至出人意料。上学期的写作日，学校的操场上出现了一艘残破的宇宙飞船。那艘飞船是美国宇航局的"信使号"（Messenger），它是在完成了4年的水星探测使命后才最终来到维园小学操场上的。在飞船上，孩子们还发现了一沓照片，看到了怪石嶙峋的水星、从水星附近拍摄的地球、太空中璀璨的星河，还有一个渺小的维园小学。

在每一个写作日，索菲亚都会与班上的同学一起，亲身体验和观察一个个引人入胜的场景。此刻，当爱丽丝和索菲亚再走近一些时，她们发现高大的骆驼身上坐着一位身着阿拉伯古装的商人。骆驼背上堆满了香料袋子，商人正在向周围的人出售他穿越时间和空间双重隧道带来的中东土特产。浓郁的香料香味传入鼻孔，平时不擅长运动的索菲亚在沁人心脾的香味中手舞足蹈起来。孩子们沉浸在仔细的观察中，每次骆驼迈开长腿走动或者表情变换，都会引起一阵欢呼。

"为什么我们不能把学校变成儿童的乐园？"莫里斯校长认为这是所有人都应该思考的问题，"早上，孩子们一起床就迫不及待地想上学，热切地期待着一天的学校活动，那种心情就像一个从未到过迪斯尼乐园的小朋友已经站在了乐园门口。每天晚上，孩子们兴奋地谈论白天参与的活动，总结学到的内容，最后恋恋不舍地进入梦乡。让教育引人入胜，所有孩子就会融在引人入胜的活动中，这是最自然的融合，也是我们想要做到的。"

看得见、摸得着的思维工具

回到教室后，索菲亚向爱丽丝口头描述了她心中的故事：一头来自巴基斯坦的骆驼，走了上万里，来为索菲亚一家送香料……

索菲亚是维园小学41名残障儿童之一，今年9岁，读四年级。她出生于巴基斯坦，乌尔都语是全家人的母语。五年前，索菲亚随家人迁居英国，最终在斯梅斯维克地区落户。

刚刚来到维园小学的时候，索菲亚的语言和认知发展都较为滞后。学校协助索菲亚的父母为她申请到了"残障声明"。从那时起，学校建立了一个跨专业的团队，为索菲亚提供支持。这个团队包括索菲亚的班任老师、维园小学的特殊教育需要教练、维园小学的教学助理，还包括来自当地政府健康部门的治疗师（根据需要，语言、物理、作业治疗师分别或者同时为索菲亚提供支持）、来自政府的融合支持专员，还有来自斯梅斯维克地区的英语学习专家（协助她学习英语）。

如今的索菲亚善于口头描述，不过一旦动笔就常常把文章的一些要素抛在脑后。支持团队为其制定了一套发展认知能力、培养逻辑思维的策略。

这会儿，爱丽丝引导索菲亚把"骆驼送香料"这个故事的要素写在工作簿上，诸如时间、人物、香料、出发地、目的地等。写完之后，索菲亚从爱丽丝手中接过一顶蓝色的帽子戴在头上，爱丽丝说："蓝帽子蓝帽子，考虑所有要素！"

原来，在维园小学，帽子代表了思考问题的工具，不同颜色的帽子象征不同的思维工具。例如，蓝色的帽子代表"全面"，即在分析问题时，应当把所有的要素考虑在内。红色的帽子代表"重点"，即解决问题时，应该抓住重点。黑色的帽子则表示"坚持"，当找不到解决方案时，不应该放弃，而应当继续寻找。

索菲亚喜欢她的帽子，真材实料的帽子让她感觉更真实，获得的提示也更直接。不过除了真材实料的帽子，五颜六色的帽子图案也出现在校园的墙上，为那些喜欢视觉提示的同学提供方便。经过一段时间的熏陶和练习，孩子们就渐渐地了解了每种帽子代表的思考工具。当他们遇到困难时，就会找来真实的帽子或者想象自己戴上某种颜色的帽子，尝试从不同角度思考和解决问题。

尽管有各种思考工具的辅助，索菲亚还是经常遇到难题。无论是数学难题还是复杂的手工活，她都会向爱丽丝或其他同学请教，不过有些时候她还是更喜欢坐进小木屋里安静地想一想。

在校园的一个角落坐落着一所漂亮的小木屋。在木屋的墙上有一个陷阱的图案，旁边写着"卡住了"（stuck）。原来，陷阱图案提示大家，每个人的思考和学习都有可能走进死胡同，被卡在里面难以挣脱。不论谁的思考卡壳了，他都可以坐进小木屋潜心思索。陷阱图案旁边有一个按钮，只要轻轻按一下，孩子们就可以录制自己的视频，把反思的过程和成果记录下来。如果他们愿意，还可以把自己的思考与全校分享。小木屋的门上写着："落入思维的陷阱让我们想得更深入，我要淡定，要为自己的深入思考而自豪。"

"只有帮助每一个儿童都成为学习专家，我们的教育才有意义。孩子们需要了解思考的过程，掌握思考的方法，这样他们才能独立解决问题。我们与一家擅长创新的民间机构合作，为学生开发了许多思考工具。这些工具的载体有图示也有实物，无论儿童会不会英语，是不是有特殊教育需要，他们都能掌握这些符合通用设计原则的工具。"铠兰说，她是维园小学的教学主任，同时也是一名特殊教育需要教练。

香料从哪里来，到哪里去

几个月前的一天，索菲亚和全班同学来到拜洛特街香料工厂（Ballot Street Spice）。每一位同学都把一张自己家乡的香料清单交给工厂的小伙伴，索菲亚带来的是一张祖母亲手制作的巴基斯坦香料清单。

拜洛特街香料工厂是维园小学的校办社会企业。与普通企业不同，社会企业通过企业家精神调动各种资源，目标是解决社会问题和促进社区发展。这家工厂是维园小学培养儿童企业家精神的重要基地。在这里孩子们和附近的社区成员一起合作，制作出优质的香料，通过线上和线下渠道出售，所得用于学校发展。香料从配方、生产到设计、销售都有孩子们的参与。他们向自己的祖母征询故乡的香料名称和用法，然后把这些信息贡献给这家工厂，有些同学还会参与到香料的研磨和加工环节。学校定期举办香料节，孩子们选出自己的香料大使，负责香料的推广和香料文化传播。有时候，孩子们还一起绘制香料地图，一张地图不仅记录了各种香料的产地，还记录了孩子们阔别已久的故乡。

莫里斯校长说："企业家精神能够鼓励孩子们承担责任，对身边出现的问题感兴趣，并且让孩子有应对挑战的能力和勇气。"

基于挑战的课程

维园小学的每一位学生都要写出他在毕业之前最想做或者最希望经历的事情。经过整理，大家的愿望清单包括100多项，例如"骑双峰骆驼"、

"开美食餐厅"、"制作好看的台历"。老师们从这份清单中选出与实事和社区生活最为相关的 52 项愿望，让学生们找出方法和步骤，共同把这些愿望变成现实。

在写作日上出现的骆驼是大家共同努力的结果。一些同学在老师的协助下与骆驼的主人沟通，最终实现了愿望。二年级的同学们利用大家骑在骆驼上的照片，制作了精美的台历。台历上有英国和当地社区的大事件，受到了许多当地人的欢迎。

"我们鼓励孩子们关注身边的事物，帮助他们与本地社区建立紧密的联系。这一切都通过实现孩子们的愿望来达成。每个孩子在实现自己愿望的同时，还要为社区带来一项公共产品，例如台历、香料、文化节等。我们希望孩子们有务实的企业家精神，同时也能从自己的创意和劳动中收获成就感和归属感。"

纳兹一家的选择

与其他小学相同，维园小学有自己的幼儿园（nursery）和学前班（reception）。幼儿园和学前班招收本地社区的幼儿，这些孩子通常都会成为维园小学的小学生。

在幼儿园的衣架旁，孩子们正在穿外套，准备到难得的阳光里玩耍。纳兹动作熟练，迅速穿好了他的夹克衫，然后就微笑着转过身，帮助身边的克里斯系纽扣。不一会儿，大家来到院子里，四散在树下和草地上蹦蹦跳跳。纳兹和克里斯聚在石柱旁，克里斯唱歌，纳兹就好像她的回音壁，努力地跟上克里斯的调子。由于纳兹只掌握了一部分声母，当克里斯唱"Ready, steady, go……"，纳兹就唱："Addy, addy, oh……"

纳兹来自阿富汗，差 1 个月 4 岁。由于受到尤塞氏综合征的影响，纳兹的听力、视力、语言和平衡功能都有障碍，听力更是有可能随着年龄的增长进一步退化。加上英语是他的第二语言，纳兹在交流方面面临较大的困难。在过去的 8 个月里，幼儿园组建了支持团队，包括一位负责聋童教育的融合支持专员、一位听力和语言治疗师、一位国家聋童协会的工作人员、儿科医生，以及负责人工耳蜗植入的专业人士。纳兹接受了人工耳蜗植入手术，手术效果十分理想。

"纳兹需要在听力进一步退化之前打好语言基础。"黛比说。黛比是纳兹的教学助理。来到幼儿园之后，纳兹的进步迅速，不但语言能力进步，人际交往和身体协调性都显著发展。"我相信，通过我们的个别化支持方案，纳兹能取得很好的发展。他是一个可爱的孩子，虽然有些固执，不过他的毅力和坚持会帮到他。"纳兹的父母对学校的工作十分满意。

不过黛比心中有一个担忧，那就是纳兹的父母最终会送他到聋校上学。根据《沃尔诺克报告》，英国保留了一些特教学校。这些学校或者转变成学区的资源中心，或者专门招收多重障碍和重度心智障碍儿童。不过聋校的情况有些特殊，在全世界范围内，聋人群体有着独立的聋人文化，很多国家的聋校常常为维护聋人文化而继续存在。英国的情况也是如此。咨询了国家聋童协会的建议，又经过反复衡量，纳兹的父母最终决定让纳兹去聋校上学，希望他能够找到自己的群体归属感。纳兹将要转到的学校离家较远，不过在融合支持专员的协助下，他的父母顺利从当地政府获得了纳兹上下学所需的交通服务。

纳兹离开的时候，黛比很伤心。"陪伴他的时光很愉快……我们有一套完全不同的教育哲学，"她停顿了一下，又说，"不过现在只能祝福他在那边获得更好的教育。"

下篇　罗宾，融合是一种生活方式

普通学校还是特殊教育学校，对于任何当事人来说，这都是一道不简单的选择题。实际上，还有一道更难的选择题："既然有机会放弃一个'有缺陷'的胎儿，那么究竟要不要做产检？"

"在怀孕期间医生可以检测胎儿患唐氏综合征的概率。如果检验结果提示高风险，那么医生就会实施进一步的筛查。罗宾是我们的第五个孩子。根据我的年龄，医生建议我接受唐氏筛查。不过，我们选择不让任何一个孩子接受这种检验。接受任何人——不论能力、种族、肤色和宗教信仰，是我和威廉的共同信条，也是我们从小耳濡目染的生活方式。"克里斯蒂这样说。

罗宾出生后，威廉和克里斯蒂很快发现小家伙在外貌和行为上与其他子女有细微的差异。医生反馈的检验结果是唐氏综合征阳性。"坦白地说，这个结果丝毫没有影响我们内心的感觉和看待罗宾的眼光。只不过，我们知道他的生活将与众不同，我们的生活也会因此改变。"克里斯蒂说着，一如既往地平静。

幼儿园

罗宾曾经在一所特教学校的幼儿园待过一阵。那所学校在什鲁斯伯里，离家较远。罗宾每星期花两天在那里学习一套用来训练语言的手势（Makaton手语），发展认知和技能。每周其余的几天，罗宾和哥哥查理一起到家附近的一所幼儿园上学。在这里，罗宾和自己社区的小朋友一起玩耍，后来与他们一起升入小学。

罗宾有两个姐姐和两个哥哥。兄弟姐妹与罗宾相处得非常好，相互支持并且相互接纳。然而，这并不是说他们的相处方式与其他兄弟姐妹的方式没有什么不同。他们也时不时地意见相左并且争论不断。虽然接受罗宾的学习障碍，他们依然希望罗宾能做到最好。家庭词典里没有"低预期"这个概念。罗宾参与所有的家庭活动，还与哥哥姐姐一起参与了许多社会活动。

罗宾6岁时，威廉和克里斯蒂必须为儿子的教育选择一条道路了。他或者去什鲁斯伯里镇上的特殊学校，或者留在当地读普通学校。

"我们最终决定让他到附近的普通学校上学。对于下这个决定，我们非常谨慎。特殊教育学校也能满足他的教育需要。然而，普通学校是一个更恰当的选择。罗宾的兄长都在当地，我们希望罗宾跟全家人在一起。如果罗宾每天坐公交车去镇上，他就少了很多机会融入自己的生活圈子。他认为自己是家庭、社区和社会的一部分，这一点是最重要的，是我们做所有选择的依据。曾经如此，现在亦如此。因此，只要他能承受在普通学校的生活，融合教育就是他要走的路。"

小学

在过去的许多年里，家长和专业人士不断倡导，他们实实在在地提高了学校接受残障生的意愿和能力。虽然并不是所有的学校都欢迎或者认为自己有能力接收残障儿童，但是罗宾很幸运，当地的学校都愿意接收他。

经过评估，教育部门给罗宾提供了一份"残障声明"，这意味着每星期罗宾能够获得25小时的专业支持，花费由政府承担。25小时当中包括罗宾在课堂上的时间。有了这些支持，专业人士与教师一起把面向全班的课程分解成罗宾能够掌握的小单元。罗宾还有一位教学助理。教学助理不是持证上岗的老师，但是他们也得到了必要的培训。整体来说，这套系统给罗宾提供了很好的支持。美中不足之处在于，有些教学助理过分细致，有时候影响了罗宾的独立和参与。

"有一位经验丰富的女士向我传授了一个窍门。确保罗宾融入学校生活的要素之一是让罗宾在教学助理的协助下接受班任和科任教师的指导，毕竟他们才是全班同学的老师。所以，如果你问罗宾'谁是你的老师'，如果他说出了助教的名字，但是并没有提到班任和科任老师，那就提醒你要关注一下孩子的融合情况了。"

中学

下一年，罗宾就要读中学了。莱温德夫人是镇上中学的资源教师。提前半年，她就到小学了解和观察罗宾的状况。莱温德夫人读了罗宾的个别教育计划，从老师和教学助理那里了解了罗宾的状况，还与罗宾交谈了几次。

"还记得吗，你刚到中学的时候，莱温德夫人给你准备了欢迎晚会？"

"是的。"

"记得吗，你刚到的那段时间，她很用心地帮助你？"

"记得。"

升入中学的过程十分顺利。在中学阶段，罗宾依然能够获得充分的支持。相比小学时光，他的中学经历甚至更加成功。他喜欢中学开设的各类课程，享受有规律的课程安排和学校生活，喜欢独立地在校园里自由活动。罗宾感觉自己完全融入了中学生活。

罗宾给班级和学校带来了积极的影响。因为有了罗宾，同学们逐渐明白，罗宾和每个人一样，能做很多事情同时也需要很多帮助。老师们说"他是我们的财富。始终那样热情，时刻准备为其他人提供帮助，渴望学习，并且为人处世总是彬彬有礼、恪守准则。"

虽然如此，罗宾在社交方面始终有一些困难。实际上，学校里所有人都很喜欢他，但是喜爱和友谊的区别就在于，放学之后还能不能收到参加晚会的邀请。罗宾没有多少社交活动。哥哥们都在其他城市生活，家里只留下他一个年轻人。威廉和克里斯蒂尝试着与其他家庭维持良好的关系，但是成年人的介入似乎并不能给罗宾带来牢固的友谊。对于罗宾来说，找到真正的朋友是真正的考验。

凯特是罗宾的小学同学，也患有唐氏综合征。毕业后凯特去了特殊学校读中学。克里斯蒂也动过送罗宾去特殊学校读中学的念头，她猜想特殊学校的生活可能带给罗宾更多朋友。然而，凯特回到家乡之后同样缺乏社交机会，并且对镇上的生活感到陌生。相比来说，罗宾认识这座小镇上的许多店主，他因此能够独自购物。店主们也注意到罗宾，总是热心地帮助他。如果一时弄不清罗宾的需要，人们会暂时把他安置在一个安全的地方。在这里，大多数人都认识他，总是欢迎他，态度十分友好。

缺少社交机会并没有让罗宾灰心。他一如既往地热爱学校生活。在5个兄弟姐妹中，只有罗宾会抱怨学校停课。即使生病，罗宾也想要回到学校。如果有人问他："你最喜欢的课程是什么？"他会回答："我喜欢音乐、艺术、历史、地理、戏剧、数学、英语。"

罗宾通过了中学毕业考试。在毕业典礼上，学校为他颁发了奖章，感谢他为学校做出的贡献。

职业教育

中学毕业之后，罗宾的融合教育突然走到了尽头。在英国，高中要求学生参加 A-Level（英国高中课程，也是英国学生的大学入学考试课程。）

考试，考试成绩作为申请大学的基础。A-Level 考试提供的选择很少，不符合罗宾的兴趣和需要。因此，他只得在一所招收残障青年的职业学院上学。

在这所学校，残障学生和非残障学生被分别安置。这里所有课程完全以实践为导向。罗宾的课程有园艺、烹饪、美发和机械。学院不提供任何学术课程，即使是英文和数学，也完全围绕实践技能展开。例如，数学课的内容就是关于收钱和找零钱。

罗宾说："我特别喜欢戏剧。我希望学院也有戏剧课，不过他们没有。据说这学期，我们会和学院的其他学生一起，也有戏剧课。但是还是没有。"

罗宾与非残障同伴一起长大。过去的一年，是他第一次接触在特教学校长大的小伙伴"我不喜欢现在的同学。他们好像不爱学习，总是在课堂上制造混乱。现在的老师常常提醒我们要注意自己的行为，以前的老师很少这样说。"

克里斯蒂说："这是一段完全不同的经历：那里对学生的期待值是如此的低，开设的课程是如此的局限。特教学院极其强调'为将来的就业和独立生活做准备'。这就意味着，罗宾被要求必须从现在起为几年之后的生活考虑，同时被迫放弃作为一个少年的自由，生活的丰富性遭到限制，难以畅快地与同龄人共同探索社会生活。"

罗宾现在就读的学院有两个餐厅。一个在特教中心这边，叫做未来餐厅；另一个在普通学院那边。罗宾从第一天起就在普通餐厅就餐，他不喜欢未来餐厅。

"我到普通餐厅就餐是想看一眼认识的同学。"

"是的，你想看看他们，说不定大家还能聊一会儿，对吧？"

"对。他们是我的朋友。"

未来

在学校的不如意并没有影响罗宾和家人一起享受生活。罗宾享受与家人在一起，他们出外就餐，散步，去剧院，听音乐会，参观博物馆，听讲座，尽力让罗宾感受不同的生活。

"在这方面，罗宾是反潮流的。其他青年人都是在学校学习学术课程，在业余时间学习跳舞、厨艺等让自己放松的事情。罗宾则是恰恰相反，在学校学习实践课程，回到家里我们一起为了学习而学习。他写故事、剧本，听音乐，去剧场看表演。罗宾喜欢历史，我们带他去看很多国家保护的建筑。家庭填补了学校教育留下的空白。这样罗宾也不需要考虑分数之类的东西，可以纯粹地享受学习。我们希望能够跟他一起把看起来不利的因素，转变成有利的事情。

"有时候，我们的确在想：我们是否为罗宾选择了正确的道路？如果去了有特殊教育师资的特教学校，罗宾会不会发展得更好？他会不会有更多的朋友？生活会不会比现在轻松一些？这些问题没有答案，除非让罗宾的生活重来一次，让我们也回到当初，为他选择另外一条道路。没有答案，生活中的所有选择，有哪件不是如此？最值得珍惜的是，我们曾经拥有选择，并且获得了做选择所需的支持。

"我们知道，接下来的几年会遇到更大的挑战，但是我们已经做好了准备，与罗宾一起寻找出路。我们很幸运，有机会接受教育，并且能够寻求建议和帮助。对于我们来说，成功的关键是理解和珍惜我们周围的社区：把支持圈在围墙里总是一件相对容易的事情，但是我们每个人都希望过完整的生活，拥有许多不同的经历。只有让社会中每个人都被看见，人们参与到其他社区成员的生活中，打破误解和偏见，每个人过完整生活的愿望才能实现。"克里斯蒂说。

第四章

指向未来的教育

——一所国际学校对"精英教育"的反思

摘要

从为一名学生提供教育方案出发,到为所有学生提供"精英教育"之外的多种路径,北京的一所国际高中尝试从学生的兴趣出发,为个人定制总整学习项目。这样的思路将学生本人放在教与学的中心,让其体验更高的自由度并承担更多的责任,同时也是对未来教育的一种大胆探索。

阅读提示

单纯追求高分数或高学业成就只能让教育之路越走越窄,学生被迫适应单一死板的教育体系,忽视自身的兴趣和主观能动性,学校也被迫送走无法适应的学生,学校环境多样性受到影响。

学生的自主学习也意味着教师教学思路的转换——从内容提供者到辅助学习的位置,从替代学生的决定到引导学生的思考。

未来的教育将不再关注知识点的传授,而在于个人价值观和学习方法的培养,爱护学生的兴趣和热情,养成良好的习惯,让终生学习成为可能。

1994年的9月1日,北京京西学校(Western Academy of Beijing)对147名学生敞开了大门。

这是中国国内第一所真正意义上的国际学校。在此之前,外国学生就学的选择非常有限,除了各个使馆自己给外交人员子女办的学校之外,就是全中文环境的当地学校。随着改革开放的深入,20世纪90年代初的中国迎来了越来越多的外来资金和商业机会。摩托罗拉、壳牌、通用电气等外资公司为了吸引海外员工常驻中国,开始关注针对外籍学生的教育市场。同时,有意愿长期定居中国的外籍家庭的数量也在上升,很多家长并不满足于已有的选择,白思南(Sabina Brady)就是其中之一。

寻找"秘密花园"

白思南1979年第一次从美国来到中国,几年后决定彻底搬到北京来定居。到今天,她和她的家人已经在北京生活了30多年。白思南的大儿子1985年出生,很快就被诊断为动作感知障碍。"他一开始在北海幼儿园度过了三年美好的时光。一个外国孩子,本来就显得突出,动作不协调似乎也算不上什么了,老师都对他很宽容,他也很开心。"

很快,儿子到了该上小学的年纪,白思南看中了当时美国使馆办的学校。这所学校教学质量高,在外籍家庭当中很受欢迎。20世纪90年代初,学校等待入学名单上的学生人数几乎是在校生人数的三分之一。白思南的儿子很幸运地进入了小学,却发现学校严格的管理和保守的教学理念让特殊需求孩子很难适应。

为了弥补孩子书写上的困难,白思南和丈夫特意在美国给他买了一台电脑,但学校的老师却不允许使用,不希望有学生"搞特殊化"。"90年代了,使馆学校的教学理念还停留在美国50年代的水平。"看到学校教学思路如此死板,白思南很无奈,决定联合两个朋友,一起创办一所真正以学生为中心的非营利性国际学校,培养孩子自我探索和终生学习的兴趣。不光为了自己的孩子,也是为了其他在京外籍家庭的孩子们。

非外交人员的外籍家庭越来越多,很多人都希望能送孩子去一个宽容全纳的环境。京西学校虽然使用英语教学大纲,却从一开始就确定了兼容多元的基调，不允许任何一个单一国籍主导学生来源，要办一所真正的"国际"学校。事实也证明，有此类教育需求的外籍家庭社区确实存在。9月开学，刚过圣诞节后，京西学校的学生数量就翻了一番。到2000年的时候，在校学生数量达到近六百人，需要搬新校址了。

仅仅讨论新校舍的设计方案就花了3个月的时间。白思南带领一个行动小组，用"市民会议"的方式，广泛采纳所有利益相关者的意见，从政府官员到学校管理人员再到普通教师，从家长到小学一年级的学生，所有人都有机会表达自己对新校舍的想法和期待。其中一次会议上，一个8岁的小姑娘告诉大家，她看了美国小说家伯内特写的《秘密花园》很受启发，所以在新教学楼里，她想要一扇书里描述的那种小门，找到钥匙后打开门，里面是一座大人去不到的秘密花园。孩子在里面又安全又放松，可以自由探索。"我们一下子就觉得，啊，这不就是教育应有的形态吗？"白思南深受启发，基于这一思路开始同建筑师合作，最后敲定设计方案。

这个新的教学楼就是今天的京西学校小学部。大门很不起眼，几乎就是一个普通住宅楼的入口大小。走进去后，空间也并不大，但通向一条回转曲折、洒满阳光的长长走道，每一个转弯都令人意外，一点点显露出教学楼里更多的内容：教室、图书馆、食堂、美术室，等等。每一个教学空间的位置都经过精心的安排和设计。"我们不想建一座高级大楼，然后把所有教育功能塞进去。学生需要的是一个安全自由的探索空间。使用这座楼的人，他们的需求是第一位的，"白思南这样说，"教育需要从这里出发，我们希望每个学生都能找到属于他自己的秘密花园。"

"合顶石"项目

今天的京西学校已经有来自51个不同国家的超过1400名学生，是全中国乃至亚洲最好的国际学校之一。自2000年搬到位于北京朝阳区来广营的新址，之后的5年内，京西学校先后又添加了学前教育部、初中部、艺术中心和高中部四个建筑，每栋楼风格各异，都格外实用。

高中教学楼同校园其他部分一湖之隔，走过一个中式拱桥，穿过一片草坪，就能看到同样毫不起眼的正门。推门而入，周围的背景音立刻变成潺潺流水的声音。一条小溪穿过眼前的挑高中庭，顺着溪水向前走，穿过咖啡厅和紧挨校长办公室的前台，转过弯，顺着台阶上到二楼，就来到了图书馆。

高中图书馆不是隔开的封闭空间，而是利用了二楼楼道俯瞰中庭的一部分。巨大的落地窗和楼顶的天窗让这个空间非常敞亮，装满书的书架像一层层海浪一样簇拥着学生们，也起到分隔的作用。沙发、圆桌散落各处，学生们可以在去上课的路上，随意拿起一本书，坐在沙发上阅读，也可以约上同学，一起围坐在圆桌边讨论或自习。图书馆旁边还有间全透明的自习室，几个月以来，这间自习室成为了高中教师麦德林和4名高二年级学生的"根据地"，他们是京西高中今年才开始的"合顶石"项目（Capstone Program）的参与者。

合顶石（Capstone）指的是建筑物最顶端的最后一块石头，用以稳固建筑结构使其顺利完工。在教育领域里，"合顶石"项目也被称作"总整课程"。它让学生在某一阶段的学习即将完成的时候，选择适合的题目，进行多样化、系统性的学业上的探索，用以统整和深化所学，最终以长篇报告、展览、表演等方式呈现个人化的学习成果。这学期是京西高中第一次让学生在高中最后两年尝试这样的学习模式，从校长到参与的教师和学生，每个人在谈起这个新项目的时候都感到既不确定又异常兴奋，像是刚刚展开一段甜蜜的新恋情。

16岁的德瑞克来自波多黎各，橄榄色皮肤，浓密的短发，深秋时节还只穿一件浅灰色短袖T恤，露出结实的手臂，像一名随时准备上场的运动员。谈起自己的"合顶石"项目——舞蹈和舞蹈教学，德瑞克一脸真诚，既激动又害羞，每一句话开始都会直直盯住你的眼睛，但很快又看向别处，仿佛在描述一个梦："舞蹈是我逃离现实的一个方式，但也是我和世界连接的方式，我用舞蹈来表达感情。"

京西高中的469名学生当中，有50人接受不同程度的特教支持，德瑞克是其中之一。他幼年时期就随父母来到中国，在京西上学已经有8年的时间，两年之后即将高中毕业。两年前，在德瑞克初入高中一年级时，数学基础并不差，解题的方式总是很有创意，但像许多这个年纪的孩子一样，多少感到学习三角函数和线性方程没有多大现实意义，于是动力不足。加上时间管理能力欠缺，常常完不成作业。即便有特教老师的支持和督促，再加上偶尔延长的考试时间，他的成绩仍然无法准确反映他的实际能力以及学习潜力。

一年多之后在自习室里再次见面，我立刻意识到自己之前认识的只不过是数学课上的德瑞克，并不真正了解他，甚至连他有舞蹈这个爱好都毫不知情。"我热爱舞蹈，也特别喜欢编舞和教别人跳舞。在'合顶石'项目里，我每周一、三、五都要给学生上舞蹈课，下周我们就要演出了！"

热情 + 自律 = 成长

因为参与了"合顶石"项目，德瑞克在高中的最后两年里，除了选修4—5门学校提供的 IB (International Baccalaureate) 或者非 IB 课程以外，可以拿出 25% 的学习时间专注于他最爱的舞蹈。这让他兴奋不已："我的课余时间反正早就全部花在舞蹈上面了，所以白天上学能有时间自己灵活安排简直太好了！"他拿出排课表来给我看，差不多每天都有一节课的时间空着，作为可以自由安排的"合顶石时间"。他自己安排的舞蹈相关学习是另一张填得满满当当的表格。短短几个星期的内容包括：招收舞蹈团学员，各国传统舞蹈历史研究，约朱迪（高中舞蹈老师）一起编舞，演出排练，给团员考试，等等。

"这种没有排课的时间如何填补，拿什么来填补，是'合顶石'项目执行上的难点之一，"在项目筹备期间，京西高中校长（Vrba）女士如此表达自己的担忧，"任何新的想法都是这样，创意本身不是最困难的部分，具体操作才是。如何设计一套考核标准，让我们能够决定这个学生是否能获得学分，自我掌控的学习时间和计划都需要有哪些文书来证明？在'合顶石'项目里，学生自己来申请读某一课题，然后为了完成这个项目，他们需要时间。我倒不是担心学生有这个空闲时间会去干坏事，不过我们确实需要想想怎么来帮助学生规划这样的自由时间，来达到最佳学习效果。这不是一个随随便便的、随便读就能过的课程。"

"合顶石"项目的 4 个学生面临的挑战远不止每天自己安排一节课的时间表：对于德瑞克来说，因为他成立的 JV 舞团成员都是京西各年级学生，大家的时间和课程安排都不一样，怎么找到一个合适的排练时间并督促所有人参加，让他伤透了脑筋；来自美国北卡罗莱纳的"程序员"约翰正在一边自学Ｃ＋＋语言，一边应聘微软的一个远程兼职实习职位，如何同一个国际大公司沟通并展开合作，从中学到自己需要的技能，是他面对的一大挑战；来自南非的伊曼努奥这学期刚刚来到京西，虽然他之前在家乡就已经是小有成就的新闻摄影师，但到了新的环境，要在北京寻找肯带他一起工作的专业摄影师，找到工作机会，并没有想象中的那么容易；韩国学生莎润专注于电子游艺中的动画艺术设计，是编程和艺术课程的结合，对于她来说，难点在于如何拆分两部分学习内容，并找到适合的指导老师。

"在传统学校里，学生每天进教室的第一件事就是听老师指挥做事情。进入'合顶石'项目则完全不一样，你是自己学习的主人。虽然自主性大，但责任也很重，面对的很多难题没有现成答案，甚至没有教科书能教你。"麦德林是京西学校有着十几年教龄的高中计算机老师。在"合顶石"项目的设计和筹备阶段，她就是最积极、最有热情的老师之一。因此，从这学期开始，她自然而然地成为了4个孩子的指导老师。"'合顶石'要求我重新思考如何做一个老师，以及帮助学生思考如何做一个学生。他们需要更多的自主性；我呢，则需要放手。要全力支持，但不能替他们做决定，要问问题，但又不能常常给答案。两个月来，孩子们在探索，我自己也在探索，真是太难了！好多次我都觉得，唉，还不如回去教我的计算机呢，那个可是容易多了。"

麦德林让每个学生都做了详细的规划表，并坚持把自己的所学所想记录在个人的学习博客里。"考试的时候，学生需要能够证明他们在这段时间里面的学业进展，这个东西怎么呈现？没有随时的记录肯定是不行的。""合顶石"的成绩考核需要每个学生同麦德林以及具体学科导师一起设计，成果的展示形式可以多样，但答辩的过程必不可少。所以学生不光需要学到自己所需的技能，也需要能够把这个过程清晰完整地描述出来，像Vrba校长所说："答辩也是非常重要的学术能力——能够在考试委员会面前证明自己的实力和学习进展，我开始的时候是什么程度，我现在学到了什么。"

学习终归需要自律，需要具体的实施步骤和计划。在所有挑战中，"掌握学习自主权"其实是最根本的一条,最具吸引力但也是最困难的,特别是在传统教育思维中,学生几乎从来没有过太多自主权。在透明自习室里围坐一圈,麦德林问孩子们,哪一个瞬间让他们觉得自己愿意选择读"合顶石",而不是跟其他同学一样随大流读IB,"程序员"约翰告诉她:"'合顶石'的概念让我觉得我在某一个领域里真的能够成长起来,而不仅仅是为了拿到文凭在完成一个又一个课程。"

IB 之外的选择

IB 是 International Baccalaureate 的简称,前身为 International Baccalaureate Organization,是一家非营利的国际教育基金。自 1968 年成立以来,一直致力于为全世界的学生提供高质量的"国际背景"教育课程。从学前教育到高中,IB 共有四套不同的教学大纲,满足 3—18 岁学生的学习需求。其中的 IBDP(International Baccalaureate Diploma Program)适用于高中二和三年级的学习,学生在两年的时间内修得 IB 文凭,相当于高中毕业文凭,可用于申请大学。全中国一共有 86 所学校提供 IBDP,大部分都是私立国际学校。虽然 IB 早在 1991 年就进入中国,却一直是外籍学生的选择,直到近几年,随着越来越多中产家庭开始寻找高考以外的教育路径,IB 才在中国慢慢为人所知。尽管目前仅被 4 所中国大学承认,IB 文凭以其高学术标准,在国际上具有相当的影响力和竞争力。仅在美国一个国家,就有 1669 所高校承认 IB 文凭。

京西学校于 2004 年得到教授 IB 课程的资格,之后的十几年里,教师和领导团队的努力让学校成为了 IB 全球 7 所培训学校之一。与此同时,高中选择修全 IB 文凭的学生逐年增多。这些孩子需要在两年内从语言、数学、科学、人文、文学和艺术这六大领域里各选择一门课完成并获得学分,其中三门需要就读高级班,三门可以修普通班。除此以外,要拿到全 IB 文凭,还需要学习哲学,做个人论文,以及完成社区服务等。2016 年,京西高中的 120 名毕业生中只有 11 人选择了 IB 课程之外的课,剩下 90% 以上的学生都是以全 IB 文凭毕业的。

校长 Vrba 虽然对 IB 课程评价很高,却并不希望学生的升学路径越走越狭窄。"不光是在京西，我曾经工作的另外一个学校也是这样，选择非IB学历的学生越来越少。到一定程度，学校会感觉从经济上没有可能继续支持除了IB以外的其他课程。我三年前来到京西，那个时候学校就已经是这个状态了，转折点已经过了。这就意味着，不适合读IB的学生，他们的选择越来越少。这就导致可能不适合读IB的学生也会更多地选择IB课程，因为它是学校里最有活力的课程。"看到问题之后，她在上任之初的头3个月就不断向各科老师征集想法。"我得到的反馈是，老师们感到，我们提供的教育很多时候不能满足所有学生，特别是那些有学习障碍的学生。另外一些情况下，有的学生就是需要除IB以外的另一种学习方式。每个学生都是不一样的，他们肯定不是都适合学习同一种课程。我们希望能够提供尽可能多的选择，同时从教职员工管理和经济上也能支持这些选择。所以从那个时候开始，我们就有了一个共识，需要一起寻找解决方案。"

推动实质性进展的还是一名京西学生的需求。杰森从小就在京西读书，他的学习障碍使得全部修读IB课程对他来说几乎是不可能完成的。两年前，杰森即将从八年级毕业，进入京西高中。Vrba意识到，就现有的高中课程，这个孩子可能读到十年级就读不下去了。"很快我就需要坐下来告诉他的家长，京西也许不适合这个孩子。这个事实对我们的教师团队来说是非常难接受的。因为我们理念中的京西是可以包容所有的学生的，这是我们学校的价值观。我们对外也是宣传'我们的大门对所有孩子敞开'。所以，当时我们觉得我们的所作所为和我们的价值观是不相符的。对一个非常信赖京西，在这个社群生活这么多年的家庭，要说出'你们对学校来说很重要，但你们得走了'，真的很难说出口。"

经过多方打探和研究，学校的学习支持团队找到了Advantages School——这是几个美国特教老师创办的一所网校。他们提供的一部分网上课程使用浅显的语言来教高中课程，适合英语非母语和有学习障碍的学生使用。从去年开始，有学习障碍的学生可以选择自己特别吃力的课程上网课，特别是学术要求高的学科，其他学科仍然在京西提供的课程当中选择。最终学校按照不同课程的不同标准决定是否颁发毕业文凭。虽然解了燃眉之急，几名有学习障碍的学生暂时可以留在京西接受教育，京西的老师们仍然觉得可以进行更长远的教育改革。

以信任来赋能

每周五，京西高中的老师们都可以自愿参加教师自己组织的"周五智库"活动：大家坐在一起，以头脑风暴的形式寻找教学以及排课中的创新可能性。在某一次例行的"周五智库"活动中，来参加的老师们一起在 YouTube 上看了一个叫《如果学生自己设计学校》（*If Students Designed Their Own Schools*）的视频，这个长 14 分钟的短片是一名来自美国麻省小镇的高中生拍摄的，记录了他的高中（Monument Mountain Regional High School）2013 年的全新教学尝试——让高中生主导他们自己的学业。

看完之后，老师们都兴奋起来，立刻开始设想给高年级构建一个什么项目，能让学生开展真正的自主学习。不是简单地依照"能力"排序让学生学习不同的课程，而是从学生自己的兴趣出发。这一刻，也就是"合顶石"项目的开端。

视频里，第一年加入自主学习项目的 10 个学生每周一坐在一起，共同规划每个人这一周的学习计划。周五再进行小组报告，让同伴们来评价自己这周的学习成果。一周之中，学生可以约谈各个老师，来帮助他们解决学习中遇到的问题，但老师不会去督促学生学习。片中，学生们纷纷反映，因为有自己给自己的压力以及同伴给自己的压力，大家反而学得更积极。每个人都是在为自己学，如果不努力，"就怕到了周五让同学们失望"。

"合顶石"项目的 4 个学生每周也会和麦德林一起围坐在一间透明自习室里，互相倾听，互相帮忙出主意，提意见。

德瑞克为了日益临近的舞蹈团演出正在加紧排练，需要团员贡献出一点周末的休息时间。但对于他的团员来说，这个演出可能远远没有这么重要，大家的学习和休闲时间都安排得很满，找到共同的排练时间太难了。两个星期前，舞蹈团的两个成员因为排练时间的问题吵着要退团，德瑞克很头疼，一度想要放弃。但和其他"合顶石"的小伙伴交流之后，还是希望能把这一阵熬过去。于是他决定放弃自己的周日，全天守在排练室，团员们可以按照自己的时间过来排练。"这样确保每个人都有机会单独练习，不会浪费大家的时间。"

讨论出这样的结果，伊曼努尔仍然略显担心："这样的话，你要花很多时间只是在等大家来啊，不会很浪费时间吗？"

德瑞克想了想，觉得短时间内要保证演出质量，确实没有什么别的办法。"没关系的，还是演出质量更关键。"

高中特教支持老师唐一直在一边旁听，这时候他看着德瑞克说："我一点不怀疑你在这个项目上的努力，也不需要督促，相信你的决策，因为我知道你自己是最关注演出质量的人。"

就这样，几个孩子自然而然地转移到下一个话题。

我问 Vrba 校长："家长对'合顶石'怎么看？他们会不会担心孩子自己参与时间安排和课程设计，自由度太高，从而认为学校教学管理不够严格？"

Vrba 回答说："从项目准备时期开始，学校传达给家长的信息一直是'"合顶石"并非一个随便读就可以过的课程'，就是怕家长不能理解和接受以学生为中心的教学思路。但实际上，家长问得最多的不是如何严格把关，而是'这个项目听起来太棒了，可是我的孩子没有一样自己热爱的东西怎么办？'有的孩子早早就打定主意做一件事情，根本不想等到大学，而有的孩子可能确实暂时没有这样的热情。他们平时花很多时间在学习上，可能没有机会培养一个爱好。有的孩子也许就是比较晚熟。这都没有关系。我们目前是有一些新想法和实验，但 IB 还在，没有变化，所以家长也不担心。反正如果不适合他们还可以去读 IB。我想京西的家长肯定是希望孩子能有多一点选择，心态也是比较开放的，才会选择来这里。"

同时，校领导和参与"合顶石"的老师也一再强调，读"合顶石"要考虑的核心问题是"热情"多少，而非"能力"高低。在一个个人化的教育体系里，孩子是否有特殊需求并不是问题。"可能一个孩子他有学习障碍，但他同时一定也有他热爱且愿意花精力去做的事情，后者才是更关键的，并且有一个自我主导设计的课程会让这个孩子感觉很特别。让他感到学校和老师对他的信任，这样的信任就是赋能本身。"

2021 年的教与学

对于京西学校来说，"合顶石"项目只是高中部的教学实验中的一部分。整个学校与此同时开展了一系列深层次的教育改革。京西的常务副校长管这个过程叫做"未来的学习（FLoW21, The Future of Learning at WAB 2021）"。希望到了 2021 年，京西的教与学将会是一个完全与现在不同的形态。

"从京西建立的第一天起，我们的宗旨就是孩子的需求优先于体制的需求。我们不受任何国家的教学大纲的限制，当然我们的教学基础是 IB 系列课程，而这套课程本身也是以孩子的求知欲为核心设计出来的，所以我们现在处在一个极佳的位置去探索一个真正以学生为中心的教育制度。"京西学校的常务副校长（John D'Arcy）在一封给家长的信中这样解释这场教学改革的初衷："我们的孩子这一代人跟之前完全不同。他们是生活中身边的实际社区中的一分子，同时也参与网络的虚拟全球社区。他们和世界的联系既是物理性的，也是数字化的。我们给自己的下一代创造了这样一个世界，比我们父辈留给我们的更变化无常，更具有不确定性，更复杂，也更模糊。现在的学校形态曾经教育了几代人，但我们已经不能期待这种教育能够帮助我们的孩子为他们未来的生活做准备。"

从 2015 年开始，FLoW21 设立了 9 个委员会，分别关注不同的教学改革议题。以头脑风暴、市民会议等方式鼓励学校教师、家长、学生和管理人员参与到各式各样的反思和教学探索当中。每一次讨论，一系列相关问题会被摆在所有利益相关者面前，其中包括"对于京西这样一个以多样性著称并且把保持多样性作为核心理念的社区，我们如何才能做到满足每一个学生的需求？"这样的问题。

在白思南看来，京西今天正在反思的这些问题，以及对未来教育的畅想，正是他们几个创始人一开始就建立起的朴素价值观，从来没有变过，只是在今天的社会里，寻找这些问题的答案显得格外紧迫。"今天的学生，你再去教给他一堆知识，已经没有用了。这些具体的知识点在未来的社会里不一定对孩子有很大帮助，但一套价值观和方法论还在那里：如何探索你所不知道的东西，怎么去学习它。学习的内容随时在变化，但背后的价值观和方法论不变。我们需要在这些方面为学生打下坚实的基础。全纳教育作为一套方法、一套工具，正是21世纪的教育最需要的。老师要教给学生的是如何学，而不仅仅是传过去一个数据库。未来，哪个国家的教育系统、哪个学校能做到这一点，就会是最成功的。"

在世界上的很多国家、很多学校，常常是当必须直面学生的特殊需求时，教育体制内的创新火花才能够被激发。在京西，走向全纳的努力不仅同学校的价值观吻合，更是与被时代发展倒逼的教育理念更新同步。但与此同时，要做一个完整意义上的全纳学校，能够真正对所有学生"敞开大门"，为他们提供有质量的教育，仍然是一个非常大的挑战，也许并非一所学校闭门造车就能够做到的。

今天的中国更缺乏全纳所需要的专业评估机构和治疗师等专业人才。大多数康复机构关注的是医疗和行为矫正，而非为残障孩子提供在主流学校中的支持。目前，京西和国内几所国际学校已经开始同大蕴之家等关注心智障碍儿童的小型非政府组织展开合作，但大多数国际家庭还是会选择回国或者飞到邻近的韩国进行系统检查，咨询就学相关意见。绝大部分有重度心智障碍孩子的外籍家庭更是很难做出到中国来生活和工作的选择。

即便如此，京西现时开展的一系列以学生为中心的教学改革已经是在能力范围内向全纳努力了，Vrba校长对学校未来的发展方向很有信心："全纳已经在我们的议事日程上了，5年之后你再来，也许会不一样。"

第五章
隔离与融合
——融合教育在加拿大的发展历程

摘要

在过去的 100 多年里,针对残障人的隔离式机构伴随着医学的进步而产生,又随着普世价值的回归而消亡。在过去的 30 年里,家长运动在推动融合教育方面起到了不可替代的作用。在家长的带动下,融合教育真正走进学校,社区生活协会等专业组织为学校提供支持,满足残障儿童的需要。

阅读提示

在有些情况下,医学的进步可能是隔离的根源。如果要实现融合,医学应当为人类服务,不经反思就让医学主宰伦理和道德是十分危险的。

家长倡导是推动融合教育落地的重要因素之一。在家长运动初期,家长以个人身份公开发声也具有重要的倡导价值,格洛夫的公开信是唤起加拿大家长运动的重要因素之一。

在实施融合教育的过程中,家长、学校和其他利益相关方之间需要在碰撞中达成和解。权利和人性,灵活与标准也是如此。

2009年，安大略省最后3所公办养护机构正式停止服务，加拿大的机构化历史也就此画上了句号。1876年至2009年，安大略省的上万名心智障碍者曾经在隔离的机构中生活，他们当中的很多人从进入机构那天起就再也没有走出过机构的大门。无论机构的住宿条件好坏，在其中生活就意味着与家人分离，与外面的世界隔绝，还可能遭到同伴和机构员工的虐待。最令人绝望的是，无论发生什么都不会被公之于众。2010年，约4300名曾经在机构中生活过的心智障碍者向省最高法院提起诉讼，指控政府渎职，要求政府道歉并采取补偿措施。

这是一场没有争议的诉讼。在法院立案之后，作为被告的政府也希望法院做出有利于原告的决定。3年后，安大略省最高法院判定安大略省政府败诉。法院判定政府必须向受害者正式道歉并支付3270万加元作为补偿。

"多少钱也无法补偿一辈子的痛苦。"克拉克说。他是心智障碍者的亲属。

"如今很多人都不了解这段历史。通过这个判决，让公众听到心智障碍者和他们家庭的经历，才是这个判决最大的价值。"博尔特说。他是原告代理律师。

"希特勒失败之后，集中营的各种恐怖情景公之于众，许多德国人坚称对于集中营内发生的事情一无所知。不过，曾经发生在奥瑞里机构里的事情已经大白于天下，人们再也不能用无知作为理由回避这段历史了。"皮埃尔·波顿说。他是《多伦多星报》的记者。

进步与隔离

在加拿大，收容"愚蠢者"的隔离式机构出现于19世纪早期，几乎全部由政府设立。以安大略省为例，第一家机构成立于1836年，命名为"蠢人和疯子收容所"。由于经费不足，这家收容所曾经几次倒闭，被收容者也被迫在几家收容所之间迁移。1876年，迫于不断增长的智力障碍人口，安大略省政府终于决定在奥瑞里新建一座更大的收容所。

一旦智力障碍儿童和青年进入奥瑞里，他们从此与家人分离。这种分离既是精神上的也是地理上的。在精神上，奥瑞里象征着放弃，被送来的就是被放弃的家庭和社会成员。在地理上，安大略省面积约100万平方公里，每次探望被奥瑞里收养的亲人，家人都要经历一次不大不小的长途旅行。

在奥瑞里内部，人手短缺和低薪资让机构的工作人员心怀不满。封闭的空间给了他们随意发泄不满的机会，面对的是"蠢人"和"疯子"给施暴者在道德上松绑，这些因素加在一起扭曲了服务者和被服务对象之间的关系。

在当时，政府有正当的理由建立这样的机构。19世纪，迅速发展的科学和医学就好像两部无声运转的机器，不断生产各种工具，测度人与人之间的差异。心理测验和智商测试就是众多工具中的两件。就当时的情况而言，心理测验针对人的精神和意志，智商测试针对人的智力能力。心理测验帮助人类把自身分成"正常"和"不正常"两类，而智商测试则把人类按照智力水平分成不同的等级。

斯奎恩是一位法国籍内科医生。1866年，他出版了专著《治疗不道德和愚蠢的人》。在书中，斯奎恩博士把已经存在的智力分类标准进一步精细化。依据个人的智力和工作能力，他把"蠢人"进一步分成四类。他还提出自己的假设："智力低下即是个人意志薄弱的体现。"到了1890年前后，加拿大医学界发现，斯奎恩医生所说的"蠢人"实际上包括了两个群体——"精神错乱者和智力低下者"。到1916年，宾尼特医生发明了一套心理测验方法，终于成功地把"精神错乱者"从"愚蠢"的标签下分离出来。在他的分类体系里，"精神错乱者"又分成两个层次——"头脑缺陷者"（the feeble-minded）和"病态失衡者"（the ill-balanced）。前者有可能完成教育，但其病态无法改变，其能力也难以得到实质性的发展。后者则完全无法接受教育，尤其是无法进入任何正常的教育系统。宾尼特还认为，无论是"头脑缺陷者"还是"病态失衡者"都需要特殊的看管，否则他们就会对社会造成威胁。

在不同的年代，斯奎恩、宾尼特以及其他人的相关研究成果有着不同的社会影响。在19世纪后半期，这类研究是"蠢人"被强制拘禁的源头。到了20世纪前半段，这类研究又成了优生学的基础。在优生学的影响下，人们开始担心不断传递的不良基因会阻碍社会和人种的进步。许多人开始主张，"蠢人"和"精神错乱者"不应当生养后代。在20世纪上半期的安大略，心智障碍男童和女童常被分别安置，防止异性之间产生接触。奥瑞里以及其他的收容机构，对于性的管制就更加严格。

一个家庭的抗争

丽莎是亚当的母亲，他们与亚当的外祖母维多利亚·格洛夫共同在多伦多生活。小亚当出生于1939年，母亲丽莎是一名外科医生，父亲在他5岁时死于第二次世界大战的战火。那一年，5岁的亚当接受了智力测验，他得到40分。根据当地法律，智力测验得分为50分以下的儿童不能进入特教学校学习，更没法进入普通学校。

无奈之下，丽莎不得不把亚当送进奥瑞里机构。在奥瑞里，丽莎被告知家属不允许探望。奥瑞里机构给出的理由是，家属的探望严重影响了机构的日常工作。丽莎百般央求，最终被允许每十个星期有一次探望机会。

在丽莎第二次探望亚当期间，一个七八岁的小男孩突然大喊大叫起来。很快，一位教员出现了，小孩被拖入走廊尽头的房间，随即传来一阵阵惨叫。丽莎突然十分不安。她马上翻开亚当的衣服，庆幸的是亚当的身上并没有伤痕。

丽莎并没有感到轻松。十几个孩子挤在一个不大的房间里，人数是床的两倍还多。房间里污秽不堪，实际上这里所有的房间里都弥漫着恶臭。在这样的环境里，亚当一直哭闹不停。

探望结束的时间就要到了，丽莎必须要和亚当道别了。亚当还在哭闹，这几个小时的陪伴似乎还没能让亚当确认她是他的妈妈。在转身之前，丽莎弯下腰轻轻地吻了儿子的额头，把他抱起来又轻轻地放在床边。丽莎的上半身已经向门的方向转了90°，亚当突然开心地笑了，他似乎刚刚确认了面前的人是自己的妈妈。

此后的一年中，亚当的孤独和无助每时每刻都在折磨着丽莎。尤其是亚当的笑容，每次在脑海中重现都能掀起一阵胸闷和绞痛。在医生的建议下，外祖母格洛夫成为那个每两个半月到奥瑞里看望亚当的家属。

《多伦多星报》于1948年9月29日刊登了下面这封信。

先生们：

我想替智力障碍的孩子和他们的母亲说几句话。在我们国家，没有学校接收他们，没有地方为他们提供哪怕一点点培训，让他们变得对这个世界有一些用。奥瑞里的确有一家养护机构，安大略省也只有这么一家，但那里从来都爆满，从来都不是一个理想的生活场所。如果连奥瑞里机构都能给孩子们一些教育，我们为什么不让普通学校为孩子们提供真正的教育？我相信，母亲愿意承担孩子们上普通学校的开支。别忘了，这些母亲正在为那些幸运的家庭纳税。我相信，我们现在就应当采取行动，让那些艰难但怀有信念和希望的父母把孩子留在身边，让孩子过上普通的生活。这些孩子的父母是真正的父母，他们需要的只是一点微不足道的帮助和鼓励，我们的举手之劳就能让他们卸下肩上的重担。愿上帝和政府能够帮助他们……

维多利亚·格洛夫
1948 年 9 月 29 日

不幸的是，这封信并没有给格洛夫的家庭带来太多改变。亚当依旧生活在奥瑞里，直到 1960 年。然而在格洛夫一家的视线之外，她的信却开启了家长运动的风气。心智障碍儿童的家长开始讨论格洛夫夫人的提议，类似的公开信和演讲开始在全国涌现。在不同的省，家长开始聚集起来，为自己的孩子摆脱机构生活寻找出路。一些家长开办了家庭学校，为自己的孩子和相识的智力障碍儿童提供教育。另一些人开始尝试把自己的孩子送进普通学校。

家长领导的曲折变革

格洛夫的信发表 11 年后，家长的互助和倡导迎来了一个里程碑时刻。1958 年前后，各地的智力障碍儿童家长代表成立了加拿大社区生活协会。协会公认格洛夫夫人为加拿大融合精神的领路人。

"从 20 世纪 70 年代起，加拿大的家长在打破隔离、塑造融合的过程中起到了无比重要的作用。没有家长组织的倡导和坚持，就不会有后来一系列自上而下和自下而上的改变。"波特是加拿大融合教育领域最有影响力的专家之一，他这样称赞心智障碍儿童家长的重要作用。

加拿大社区生活协会在每个省都有分支，各分支独立开展本省的倡导和服务，各组织之间又相互支持。以波特先生所在的新不伦瑞克省为例，该省的社区生活协会1957年由本省家长成立。自1970年起，该省协会开始聘请专业人士负责协会的发展和日常运营。

在新不伦瑞克，协会从建立至今的工作重点始终是督促政府保障智力障碍儿童的平等受教育权。不过，协会的工作策略经历过一次较大的转折。在二十世纪六七十年代，智力障碍儿童和他们的家人虽然热切盼望着早日回归社区的普通学校，但是没有人能证明融合教育具有可行性。结果是家长说服不了政府和教育界，最终只能同意政府建立更多的特教学校。

倡导上的突破来自家长关于教育质量的反思。20世纪70年代后半期，伴随着邻邦美国残障平权运动的兴起，新不伦瑞克省的家长逐渐意识到，仅有教育机会是不够的，智力障碍儿童与其他儿童一样，需要优质的教育。家长们把期待的目光投向蓬勃发展的特教学校，希望这些新建的特教学校与隔离式机构不同，能够为残障儿童提供优质教育。

珍妮是一位有智力和视力双重障碍的女孩，20世纪70年代生活在新不伦瑞克省伍德斯托克市。珍妮与父母每周团聚一次，平时与其他残障小伙伴一起在郊区一所特教学校接受生活技能培训。每次回到家，珍妮都需要一阵子才能与兄弟姐妹重新熟络起来。更让父母担心的是，无论坐或站，珍妮总习惯于低着头，身体的姿态也很不舒展。父母观察了这所学校的学生，发现多数学生有这样或那样的奇怪姿态。原来，那里的老师认为对残障儿童来说外貌和姿态并不重要，重要的事情是学会照顾自己，将来能够自食其力。

这样的发现让珍妮的父母开始思考珍妮接受教育的意义："我们的孩子是不是只需要平庸的教育？在分离的环境中接受教育，优质教育是否可能？"不仅珍妮的父母有这样的疑问，许多家庭也不断思考特校与普校、分离与融合之间的关系。伍德斯托克当地一些思想开明的教育界人士也参与到这场讨论中，波特就是其中一位。作为一所普通学校的校长，波特开始在自己的学校实验融合教育。他坚持让残障和非残障儿童一起学习。如果一位教师决定让某个残障儿童去单独的资源教室接受训练，他必须证明这样做是必需的，符合残障儿童的最佳利益，他需要为这个决定承担责任。经过几年的摸索，波特从教育家的角度发现了融合教育的优势所在："如果坚持让所有儿童一起学习，那教育从内容到形式都要灵活；让教育具有灵活性，就必须为教师提供足够的支持。一种灵活的、每个教师都能获得所需支持的教育一定是高质量的教育，是之前的特教学校和僵化的普通学校都不能提供的教育。"

家长的反思加上教育界的实验，促使协会逐渐调整工作策略，从"确保智力障碍儿童平等获得受教育机会"，转向"保障智力障碍儿童能够与其他所有儿童一样平等地获得优质教育"。协会与家长一起向政府施压，要求政府帮助所有智力障碍儿童回到社区的普通学校，停止增加特教学校的数量，并且逐渐撤销已有的特教学校。这样的反思和运动得到了宪法的回应。1982年，《加拿大权利和自由宪章》经英女王签署生效。《宪章》是一部宪法性文件，规定任何人不应因为残障遭到歧视。依据宪章，新不伦瑞克省于1986年制定了第85号法案，明确规定残障儿童应当与同龄人在相同的环境中学习。

在85号法案之后，融合教育在新不伦瑞克省渐成主流，协会的工作手法也随之不断丰富，为政策落实和家长倡导提供有效支持。到2015年，新不伦瑞克省社区生活协会的工作包括为家长提供咨询和支持，向政府反映问题、提供立法和政策建议，以及在某些情况下为学校提供培训。克里斯女士在协会工作了20年，见证了协会从那时只有两名员工发展到今天的75名员工的过程。在她看来，协会的成功固然是因为有一支专业队伍在做后盾，但究其根本是每个家庭的抗争支撑了协会的存在和发展。

"我们走过了一条曲曲折折的道路，在工作方向上做出过许多调整。不变的是，我们始终以维护儿童的最佳利益为首要原则，为每一个家庭提供支持。每个家庭所需支持各不相同，但是家长和孩子们都是解决问题的行家，我们所做的就是倾听和协助。我们不是专家，他们才是，他们的创造力和韧性是最珍贵的东西。"

全家一起寻找融合

弗兰克夫妇是法国后裔,全家都生活在新不伦瑞克省的法语社区。1998年,这对夫妇成为新不伦瑞克省社区生活协会的成员。彼时,夫妻二人已经育有三个子女。在连续几次访问当地一家孤儿院之后,弗兰克和妻子决定收养威廉——一个因患唐氏综合征被遗弃的3岁男孩。

相比斯奎恩和宾尼特时代的医学分类标准,1998年的医学已经精进了太多。在决定收养威廉之前,弗兰克清楚地知道,唐氏综合征又名21-三体综合征,唐氏儿童智力发展一定面临障碍,该病还有可能威胁儿童的健康。不过,相比一个世纪之前的人们,弗兰克并没有因为对疾病了解更多而更恐惧和排斥。恰恰相反,正是全面的了解让他安心做出这个决定:他有信心陪伴威廉快乐地成长。

(一)一起转学

弗兰克不认为威廉在上学方面会遇到什么问题,完成了学前教育之后,他就把威廉送到哥哥姐姐们就读的法语学校。

"您的孩子可以选择普通班或者我们这里的特教班。普通班是融合教育,但是孩子可能只能学到一些与人相处的技巧,学不到他将来这类孩子需要的技能。特教班则不一样,他在那里可以得到更专门的训练,对他将来的就业有好处。我更信任特教班这种传统的做法……"开学的第一天,校长给出这样的建议。

弗兰克不喜欢特教班,他从一开始就希望威廉能跟其他学生在一起学习和玩耍。他并非完全不同意校长的说法,或许有些学生在特教班长大能够更容易找到工作,但是弗兰克并不觉得一个6岁的儿童应该操心就业问题,这太违背常理了。

威廉已经进入普通班两个星期了,弗兰克始终没有等到学校的任何电话。他原以为校方至少要请他讨论威廉的个别教育计划,或者至少邀请他介绍威廉的一些状况。弗兰克主动给威廉的老师打了一个电话。威廉的老师主动承认,他没有融合教育经验,不知道怎样才能带好威廉。

弗兰克萌生了让威廉转到其他法语学校的想法。经过一番打听,法语学校的情况大同小异,它们的融合教育落后于讲英语的学校。弗兰克不想让威廉丢掉母语,法语才是全家人的语言。无奈之下,弗兰克只好送威廉去尝试一下特教班。然而情况并不像校长预计的那样好。自从在特教班上学之后,威廉喜欢往别人身上吐口水和蹭鼻涕,并且语言和认知发展也没有起色。

弗兰克知道《新不伦瑞克的特教班条例》已经于1986年撤销,同年第85号法案通过,所有学校从那时起都应当为所有学生提供平等的、融合的教育。然而他并不想通过法律手段解决自己的困境,弗兰克对那些希望他走上法庭的朋友这样说:

"打官司或许有用,但我现在不想这么干。法律就在那里,现在的问题是学校的脑筋根本没有转过来,而且他们完全没有融合教育的技术。"

"但是法律能逼着他们去参加培训。"朋友坚持自己的观点。

"法律早就有这方面的规定了。我不相信学校那帮人完全不懂教育方面的法律。我觉着他们也想着往融合方面走,不过暂时还没弄清楚自己的问题出在哪里,改变应该从哪里开始。我们省讲英语的学校在融合方面领先法语学校很多年,这是一个有意思的事情。"

2000年前后,新不伦瑞克省很多英语学校开设了法语浸润式教学,这些学校的学生将会通过法语学习所有课程。弗兰克认为法语浸润式课程是上天给威廉的机会,为他敞开了英语学校的大门。弗兰克和妻子决定,把所有孩子都转到英语学校去,这样威廉能得到优质的融合,兄弟姐妹能够一起上学,并且他们还不会丢掉法语。不过二人并没有立刻宣布他们的决定,他们需要跟孩子们商量,毕竟只有每一个人理解这样做的意义,这样做才有意义。

在家庭会议上,弗兰克和妻子阐述了威廉在现在的学校面临的困难,普通班老师不知道如何帮助他,特教班的环境并不理想。

"这对威廉不公平,我们应该想想办法。"大儿子说。

"你说的没错,我们也是这样想的。我们有一个方案,需要你们一起行动。"

3个孩子有些兴奋,也有些紧张。大儿子迫不及待地问:"我们需要做什么?"

弗兰克说:"你们可以一起转学,我们附近的英语学校有法语浸润式课程,并且有好得多的融合教育,你们可以一起去那里上学。"

三兄妹最终同意了这个提议,不过两个女儿还是有点闷闷不乐,毕竟她们的朋友都在现在的学校。

(二)新校风波

威廉正式转学前两个星期,弗兰克夫妇和新学校的副校长、资源教师、班任教师以及心理咨询师一起讨论了威廉的需要和支持方案。班主任认为,法语是威廉的母语,他的法语可能远远领先于班上其他同学。实际情况正如班主任所料,威廉确实在法语课上表现很好,这让威廉变得更加自信。威廉来到学校两个星期之后,校方和家长又一次讨论了威廉的进展。他们确定了威廉的个人学习计划(Personal Learning Plan)。在法语方面,第一学期的法语课要帮助威廉巩固已有的语言基础,并且在课程内容的基础上适当提升课程标准,以便增加威廉的词汇量。

威廉在这所学校顺利地度过了两年,暑假过后他就是三年级的学生了。在两年中,他在学业和社交两方面都取得了相当的进展。在学业方面,虽然没办法完成所有课程标准,但已经找到了自己学习的节奏,并且在所有科目里不断取得进步。在老师的支持下,威廉是班里重要的一员,大家都很欢迎他,愿意与他做朋友。威廉的老师(Sarah)认为自己才是受益最多的那个人,因为这是她职业生涯当中第一次与心智障碍儿童合作,她从来没有想过自己能够做心智障碍儿童的老师。威廉教会了她很多在师范学院学不到的东西。不过她接下来需要休假一段时间,只能暂停教学工作。

三年级开学后,弗兰克夫妇参加了新班任教师召开的亲师会(parent-teacher meeting)。在会面期间,新班任老师说:"我没法教威廉这样的学生。"她的这番话让弗兰克感到十分诧异。不过弗兰克愿意用最大的善意看待这位教师的失言,弗兰克不但没有追究,并且称赞了这位教师的丰富的经验和资历,希望以此来唤起这位教师的职业自豪感。

10月份的一天，这位教师在工作中发脾气，并且打了威廉。弗兰克夫妇得到消息之后马上赶到学校，并且找到校长了解情况。校长说，这位教师最近一段时间在教学上遇到一些困难，因此情绪常常失控。然而一切的状况都不能成为打人的借口。接下来，弗兰克夫妇、校长和当事教师召开了几次会议。弗兰克夫妇请这位教师讲述事件发生时的状况，以便从当事教师的角度了解事情可能存在的另一面。当事教师承认自己确有失当行为，但并没有表现出反省的意愿。弗兰克决定到警察局报案，指控这位教师侮辱威廉，激活了新不伦瑞克省的第701号政策。

虽然警察最终决定不予立案，但这个事件写入了当事教师的档案，如果她再有类似的行为，将自动被解雇。事件发生后，学区的教育部门也迅速介入。学区给弗兰克打了电话，询问他是否希望学区马上解雇这位教师。"我们并不希望她被解雇，只是希望她能真正改变自己的观念和做法。"弗兰克夫妇与学校一起为这位教师拟定了一套培训课程。她必须完成规定的所有内容，并且在接下来的6个月里，她必须在另外一位教师的指导和监督下工作。

这个事件引起了全校教师的注意，他们开始更严肃地思考融合教育究竟意味着什么。在培训和一对一辅导之下，当事教师很快掌握了融合教育相关的方法，情绪也逐渐稳定。遗憾的是，她已在职业生涯的末年，只在融合教育的岗位上工作了一年半就退休了。

（三）高中生活

2013年秋天，威廉升入了高中。这所高中是当地最大的一所中学，共有1900名学生，其中有400多人来自世界上不同的国家和地区。学校共有110位全职教师，其中包含8位资源教师，此外学校还有26位兼职或全职的教学助理。

开学的第一天，威廉和所有新生一样，领到了高中阶段的第一份家庭作业：录制一段视频或者音频，讲一个故事，向大家介绍自己。故事可以关于家庭的迁徙历程，或者讲述自己难忘的经历，例如"第一次吃中国菜的原因和感受，或者第一次跳伞的体会"。故事的内容自定，每个人都可以邀请同学或者家人一起录制这段节目。录制好的节目会上传到学校专属的视频频道，供全班甚至全校同学观看。

威廉和一位中学同学一起录制了一段烤面包的视频，在烤面包的过程中他还讲述了爷爷带领全家从魁北克搬家到新不伦瑞克的故事。很多同学观看了威廉的视频，没有人对威廉的残障好奇。同学们感兴趣甚至钦佩的是威廉家几十年前那次大迁徙。这样的交流的确给威廉的高中生活开了一个好头。

然而，威廉的高中生活却是在孤独中开始的。每天下课之后，同学们一个接一个地消失了。相比初中生活，每个人似乎都更忙碌，更独立。

虽然威廉无法用语言描述自己的感受，但是父亲能看出儿子的落寞。

老师们很清楚这种状况，残障儿童尤其是心智障碍儿童进入高中阶段会或多或少面临朋友交往方面的挑战。为此，学校已经积累了一些办法。

有一家叫做"最佳搭档"（Best Buddies）的非政府组织。这家机构为当地大学、中学和小学的心智障碍学生招募伙伴，形成一对一的伙伴关系。每个心智障碍者的伙伴都来自自己的学校。"最佳搭档"会为招募来的伙伴提供一些简单的指导，让他们更了解自己的同伴，为建立友谊扫清障碍。之所以开展这样一个项目，是因为各个学校都有这样的需求。威廉的校长说："我们的残障学生甚至找不到人一起喝咖啡或者看电影，这些对于普通学生来说是再平常不过的社交生活。不过我们也不想过多介入学生自己的选择，每个年轻人的选择都应当得到尊重。不过，我们非常非常欢迎校外的组织出面影响年轻人的思想和选择，鼓励他们关注身边的同伴，并且为他们提供支持。通过这样的方式，我们的学生能够学会承担责任，同时也意识到公民社会的存在并且学习公民社会的工作方法。这些都是我们做不到的。"

威廉的搭档给了他很多帮助。他们在同一所高中上学，一星期里有三天他们一起吃午饭，周五晚上一起共进晚餐或者去电影院。弗兰克回忆说："我们从威廉的朋友那里获得了很多的帮助。威廉通过这个朋友认识了更多的同伴，这是我们家长无法做到的。现在回想起来，我也有一些遗憾，我们本来应该与其他家庭建立更自然、长久的联系，这样就能够帮助威廉建立更稳固的友谊。我们应该尊重年轻人的独立性，不过家庭的的确确应该扮演更重要的角色。我们当时没有充分意识到这点。"

在高中的学业方面，每一门课所有学生都使用同样的课程框架，但是具体到每个人的目标和内容又可能十分不同。在数学课上，根据学习的意愿强烈与否，学生们分成三个不同的小组。学生们可以自由选择适合自己的进度，当然也可以根据兴趣的变化调整自己的组别。威廉的班上，进度最慢的小组人数最多，威廉也是其中的一员。数学老师在资源教师的支持下，为威廉制订了个人学习计划，确保他能最大限度地在数学课上发挥自己的能力。进度最快的一组的成员大多是中国来的同学，他们的父母要求学校为子女开设与他们"能力"匹配的课程。

然而数学老师对进度快慢有自己的看法："如果威廉想要去最快的一组也没问题，如果他决定换到那一组，我们会为他制订新的个人学习计划。但是他丝毫没有这方面的愿望，他对数学没有多大热情。进度快慢反映的是学生对数学的热情和投入程度，只要你有热情并且愿意投入，你就可以参与你希望参与的小组，因为那里的竞争氛围可以帮助你开发自己的潜能。"

一位资源老师的解读或许也有参考价值："我们为科任教师提供支持，我们共同的目标是'教学生'而不是'教课程'。这套系统发展到今天已经顺手多了，每门课程都有满足不同需要的材料供我们使用，比如改写过的小说，可以给心智障碍儿童阅读；改变过的数学书，给不同组别的学生使用。这些改编的材料基于同一套课程，但是服务于不同的学生。我还记得刚开始做融合教育的时候要困难很多。我们手上没有现成的工具，这让每个人都有点心慌。大家都想给孩子们提供最好的教育，但我们不知道能不能做得到。"

威廉并不是从头到尾完成每节课。有时候，他只是到班里跟老师和同学们打个招呼，或许还做一两道题，然后他就决定离开教室。虽然这种情况经常发生，但是学校没有人把他的缺席当成理所当然的事情。资源教师、科任教师和教学助理都会在下一节课开始之前提醒他："威廉，你需要回到教室了。"主管学校支持系统的副校长说："我们要经常提醒自己，今天这个学生没来，不等于我们已经失去了这个学生。融合是我们的目标。"

在进入高中的第二年，威廉参加了工作转衔项目。这项服务的提供者首先是学校的转衔团队，他们协助威廉学习工作场合的卫生习惯、着装、公共礼仪，让威廉理解雇主对雇员的要求和期望，并且培养他制作简历以及学习面试的技巧。在工作转衔方面，学校与新不伦瑞克社区生活协会也有密切的合作，对方在提供工作培训、就业辅导员等方面有丰富的经验和广泛的资源网络。威廉所在社区有许多或大或小的私人企业，例如，家门口的面包店和杂货铺，学校门口的超市和炸鸡店。这些企业都愿意为残障青年提供实习的机会。学校曾经有一些残障毕业生，经过实习阶段的磨合，毕业之后成了企业的正式雇员。

威廉还没有找到自己的兴趣，他曾经在家门口的面包店实习，也在炸鸡店短暂工作过，两段经历既有成功经验也有宝贵的教训。目前，威廉正在考虑毕业后的选择。他可以到社区学院学习烹饪，也可以尝试着在社区找一份工作。他正在两个选择之间举棋不定。

反思与和解

新不伦瑞克省是加拿大融合教育方面较为领先的省份，然而最近几年，总有一些人要求回到从前特教与普教相互隔离的模式，理由是他们认为做融合教育是一小部分政治家的野心，融合事实上行不通。有一些专家认为，在2008年至2012年期间，新不伦瑞克省的融合教育在质和量两方面曾经出现了滑坡。政府迅速作出了回应，于2012年邀请波特先生主持了一次大规模的政策研究和咨询。波特先生的研究报告《巩固学校，巩固融合》（*Strengthening Schools, Strengthening Inclusion*）从政策支持体系、课程设计、师资培训等多个方面提出了建议。基于这份报告，自2013年始，政府从各个学区招募最优秀的融合教育教师，组成融合教育倡导团队，在所有教师当中巩固融合教育的理念。这些老师进入每一所公立学校，用不同的形式与全体教师探讨融合教育实施以来大家的收获和挑战，希望通过诚实的反思找出问题。

如今，弗兰克是新不伦瑞克省社区生活协会的重要家长倡导者，威廉是协会重要的自倡导者。弗兰克认为："实现融合需要人与人、人与制度不断沟通，既没有一蹴而就的融合，也没有可以根除的隔离。"在加拿大，向奥瑞里一样的隔离机构与先进的融合教育实践共同存在了许多年，这一点就是融合与隔离之间复杂关系的体现。要想让教育体制和社会环境中多一些融合，少一点隔离，那就要整个社会在看似矛盾的思想和制度中寻找和解。这种和解必须尊重人的尊严和内在价值，否则和解就成了没有价值的妥协。

通向融合的路上存在许多看似矛盾的因素——现在与过去，欣赏与误解，科技与人文，医学与疾病，愿望与现实，能力与障碍，接纳与排斥，社会与个人，法律与实践，隔离与融合……这个清单可以一直写下去。

第六章
教育需求的精细切割
——台北的多元安置融合教育

摘要

经过了 20 多年的发展、积累、倡导和立法，台北市的融合教育采取多元安置的手法。普通学校的普通班、资源班、集中班，以及特殊学校都在融合教育系统中占有一席之地。在这里讲述两个孩子的故事，希望读者能够对台北市融合教育系统如何运转有个了解，也希望能够呈现资源教师、特教老师、学生和家长等对教育的一些思考。

阅读提示

台北市的融合教育也经历了从特教到融合的转变。20 年间，法律经过了制定和修改的过程，"零拒绝"倒逼教育者制定详细的实施标准，后面的具体操作和完善过程也就是全纳理念的精华所在。

服务体系的多样化必须以学生的需求为核心。这就要求学校的不同部门放弃本位主义，团队合作，为学生制定灵活的支持方案。

中重度残障学生可以根据各方意见选择适合自己的教育安置。即便在普校的特殊班级，教师团队也能够尽可能安排同伴间进行交流，为所有孩子创造一个更多元的成长环境。

初春的台北处处绿树成荫，中山小学二年三班教室外的榕树下，养着班里小朋友的几十株盆栽和许多个"宠物"小虫子。十几个孩子围着我，唧唧喳喳地介绍他们心爱的植物和昆虫，其中一位正蹲在地上，忙着在一个装满泥土的饲育箱里寻找一只躲起来的独角仙。这时休息时间结束，班主任杨桂芳老师一声令下，孩子们迅速回到教室里，各自在自己的座位上坐好。

对资源学生，到底要不要贴标签

午饭后这一节课，站在讲台上的并不是班主任杨桂芳老师，而是学校里资源班的庄雍纯老师。

庄老师是全校八名资源老师当中的一位，加入中山小学的教师团队已有十年，一直对融合教育抱有巨大的热情。除了资源班的教学、为特殊需求学生制定 IEP 和同家长以及其他授课老师的沟通之外，她也要经常到普通班来上课，为学生和老师们宣讲融合教育的理念。作为一名普通一线教师，庄老师不但在教育期刊上发表自己的心得和成功教案，也会参与台北市鉴定安置委员会的工作，为台北市的特殊需求儿童得到最佳教育安置贡献出自己的经验。在一篇纪念文章里，她曾这样写道："经过了十年，我仍然觉得自己的工作是全世界最棒的。每天都想着上班，因为到了学校，有理念相同的伙伴一起努力，有天真可爱的小朋友丰富自己的生命。"

这样一位热爱自己工作的老师讲起课来气氛也是异常活跃。她从询问孩子们关于他们自己的课余生活开始："你们有谁在上课外才艺班？"下面的 28 个二年级小学生齐刷刷地举起手，被老师叫到后起来分享自己的课外班——英文、足球、画画、跳舞、篮球、跆拳道、网球、围棋，不一而足。

分享环节过后，庄老师继续说道："其实，资源班就和这些才艺班很像啊，根据同学们的兴趣，配合能力，大家一起专注学习技能，慢慢就会能力变强。我们有国语、数学课，但是也有电脑打字课、黏土课、水果处理课、夹弹珠课、打鼓课、看电影课、躲避球课、合作社买东西课，小朋友们……"每一种课的名称从庄老师嘴里吐出，都会引发全班小朋友集体"哇！"的一声，小朋友们充满了好奇和艳羡。庄老师继续给孩子们列举了她教室里会常备的东西，包括吹风机、换洗衣物、医药箱、玩具，以及"大家可以随时来写字画画"的黑板。如果任何一个小朋友不舒服，或是心情不好，"随时都可以来找庄老师"。

从这里开始，庄老师继续和孩子们探讨身体受伤和心理受伤的相同之处和不同之处，要如何求救，以及学校提供的相关服务都有哪些。课的最后，全班学生随同庄老师一起去参观了学校的健康中心和心理咨询中心，并了解到，除了资源班以外，学校所有这些附加的服务设施，并非只是特殊人群才可以去的地方。每一名学生在任何时候都有可能是有"特殊需求"的学生，都可以寻求帮助。

在普通班里开展融合教育宣讲课是学校资源教师团队的重要职责之一，因为在一所融合学校里，教育工作者不仅需要为特殊需求学生提供优质教育，也希望融合能够成为所有学生的生活状态，以期未来这些孩子们能够构建一个以融合为常态的成人社会。中山国小的融合教育宣讲除了在课堂上开展外，还在学校组织的家长工作坊和社区中开展。校园的开放式走廊里，随处可见残障宣导内容，这些海报用卡通连环画的方式尽量贴近事实地告诉孩子，不同残障类型的同伴可能有他的特点和需求，在不同的情境下，要如何互相增进了解并尊重差异。

那么，如此直接的残障宣导是否会导致残障儿童被标签化，从而被同伴歧视呢？台湾特殊教育学者、台师大教授蔡明富和洪俪瑜在他们的"还原'ADHD标记'真相？"实验中证明，当一群儿童面对被明确"标签"的同伴，并获得了对其行为特征的解释之后，针对残障同伴的歧视和霸凌明显减少。中山国小的另一位资深资源教师颜瑞隆（现任台北西区资源中心主任）曾经在一次经验分享活动中这样说："孩子是不会说因为老师给这个人贴了一个标签，就因为这个标签而歧视他。他们是因为这个孩子与众不同的行为而歧视他，因为谁也不知道他是怎么回事。"也就是说，如果这些行为经过解释，可以被多数孩子理解的时候，歧视反而会减少。

合理运用标签并不会导致歧视，而真正的歧视来自隔离的教育体系，来自相互的不熟悉和不了解。美国种族平等运动很大程度上就是基于对"隔离但是平等（separate but equal）"这一思路的不满而开展的。同样的，如果残障儿童没有机会参与到主流教育体系当中，特殊学校条件再好，仍然是一个隔离的环境，平等参与社会生活也就无从谈起。

从"零拒绝"到支持系统

同世界上许多其他地方一样，台湾也经历了从原有的特殊教育体制的转型。

20世纪60年代初，早在特殊教育在台湾成为独立教育系统之前，中山小学的3名年轻女老师在医生、心理学家、社工和护士的协助支持下，经过7个月的筹备，创立了台湾第一个"特殊儿童教育班"，当时命名为"中山班"。作为特殊教育实验的先锋基地，中山班获得了教育界、学术界、医疗界和新闻界的多方关注，成为特殊教育课程和教材教法研究的起点。同时，也正因为中山班从一开始就是一所普通小学的一部分，在个别化学习之余，课程设置非常关注班级同整个学校以及社区的融合。中山班的孩子们有很多机会参与校内的各种文体活动，和普通班的孩子们互动，也常常走出校门，服务街道和社区。

自1962年中山班的创立，台湾的特殊教育经历了20多年的实验和推广。在1970年颁布《特殊教育推行办法》的基础上，台湾于1984年正式颁布了《特殊教育法》，首次正式承认了残障学生接受教育的权利。这意味着，任何学校，不论是普通学校还是特殊学校，都不能拒绝残障学生入学。并且，此前类似中山班这样的实验性特殊教育方式也必须要授予学生正式学籍和毕业证书。虽然比起九年义务教育的实施晚了整整16年，但自此残障儿童的教育不再来自好心人的施舍或者学术精英的实验，而是成为了台湾有关方面必须要承担的义务。

中山小学在教育创新上一直走在政策的前面。早在20世纪70年代末，中山小学的老师们在推动特教和普教的融合过程当中，就意识到其实普通班的学生经常也会受益于"中山班"的教学方式。于是校方开展了历时3年的"资源班"试验，定期抽调需要额外辅导和行为矫正的普通班学生到中山班上课。从那时起，残健边界开始模糊起来，关注点从以残障来区隔学生逐渐转向为学生的特殊需求寻找适合的教学方式。

二十世纪八九十年代是台湾经济飞速发展的时期。当时的学者和台湾制定政策的人员中，许多都有过海外留学的经历，这期间整个台湾社会的变革也受到西方民权运动的深刻影响。1984年之后的十年，台湾有关方面不断通过一次又一次的立法细化特殊教育的实施，这些实施细则的制定很大程度上是由家长运动推动的。单独立法之后的十五年间，修法和撰写细则的方向更强调教育支持系统的建构，为相关专业人员进入教育系统提供全方位的服务，保障执行经费的来源。此后，伴随义务教育的延伸，特教服务向下推进至学前教育阶段，向上延伸至高中（职业）教育阶段。所有这些也都在1997年台湾《特殊教育法》的全面修正中得到了体现。

另一个在客观上推动了全纳教育的因素则是出生率的降低和学龄儿童的减少。台湾人口的总生育率从二战后婴儿潮结束后持续走低，从1952年的7.05直降到1985年的1.89，更于2003年降到1.18。简单来说，自1985年起，台湾的总生育率就再也没有超过2，此后更是远远低于世代更替水平（2.1），这说明了台湾社会存在少子化的趋势。1995年台北中山小学有124个班，20年后则只有六十几个班，规模缩小了一半。人口数量的客观变化恰好符合教育思路的改革：全纳教育要求的是教育的精耕细作，从致力于满足残障学生的学习和行为上的特殊需求，慢慢演变为关注每一个学生的个人化学习模式。

1980年，受到北美20世纪70年代全纳教育倡导和立法潮流的影响，台湾普教特教分离的思维定式开始受到质疑。不但因为这样的二元对立会让残障学生标签化，更因为这种体制在资源分配上消耗大量的时间、人力与经费。同时，抽离式的教育方式往往导致对特殊教育学生期望过低，学生错失课堂学习时间等问题。因此，教育界开始出现对普通教育进行改革的呼声，期待普通教育品质的提升将带动特殊教育服务，整体对教育的看法也从要求学生配合教育方案转为不同教育方案来配合学生的需要。

进入20世纪90年代后，融合教育在台湾进入全面推动的阶段。

"资源班比较像一个服务方案"

根据颜瑞隆老师的回忆，一线老师们得知公布新的特殊教育实施标准大约是在1998年。修改过后的法律要求给学生提供"最小限制"的就学环境。也就是说，依据学生的意愿，学校要尽量安排残障学生在普通学校的普通班就读，并提供相应辅助。如果说1984年首次特殊教育法规的出台让台湾的学校做到了"零拒绝"，那么1998年的新法则是规定了"负责任的融合教育"，意在建构全纳教育背后的支持系统。

但由于是这样自上而下的改革，"普通班老师给了什么资源，我们要推动的究竟是什么，没经过大家的讨论。"1995年进入中山小学的颜老师记得新法颁布的那几年，"很多老师感到冲击很大，教学压力变大。过去在特教班的孩子，可能是轻度障碍，都开始转到普通班，学习中就遇到状况"。与此同时，之前普通班里仅仅被当作"问题学生"或是"学习困难户"的群体在这个新体系之下也开始受到关注。学业上或是社交上的障碍不再被视作学生个人的"失败"，而是老师教学当中必须面对的挑战之一。

这个时候，作为一名资源老师，自己的工作是什么，和普通班老师怎么搭配，开始成为颜老师以及他的同事们思考的重点。整个团队都在讨论：资源班到底是个什么东西？它的运作方式到底是什么？"资源班并不是一个班，这个争议很大。政府拨款需要正式班级的编制，特教班有学生，有老师，有特定的一套教学手段。资源班不是这样。资源班比较像一个服务方案，是伴随普通班的一种服务形式。普通班老师和这个孩子有什么需求，我们就根据这个需求来设计一套方案。当然，普通班老师需要随时发挥创意，但有些时候，他们需要协助，所以我们可不可以有'随班辅导'这样的概念？合作教学，支援活动，处理学生行为问题，减少老师在活动和课程进行当中的压力，也有情感上的互动。慢慢的，我们之间有了默契和共识，普通班的老师不只在想要帮助特殊需要学生时才找我们。"

中山小学目前1000多名学生当中有208名特殊需求学生。其中，有大约四分之三是资源生，分布在一到六年级的普通班级里，偶尔被依照个人需求和课程设置抽调出来，到七个资源教室学习专门的语言、职能、情绪管控、学业补习等课程。剩下大部分时间他们都和其他同伴们生活、学习在一起。虽然依据每个人的需求，不同科目的内容和考试标准及方式可能会有删减和修改，但是这些资源学生绝大多数课程还是和台北市教育局为主流学生所制定的大纲相符的，因此也需要参加所有标准化考试。考试的时长、方式和少部分内容也会依据学生具体情况调整。

在全纳校园中，学生不仅仅在普通班的课堂里学习，同时也有可能在资源班教室或者特教班里学习，而资源老师也必须跟随学生的需求设计不同的课程和支持方案。这就要求全校的老师，不论普教、资源，还是特教，能够形成一个紧密合作的团队，再加上行政办公室、家长、校内外社工、志愿者及专业治疗师的支持，全方位服务学生实施个人化学习计划。其中，作为IEP的主要设计和执行人，资源老师就是这个服务团队的核心联络人，需要花很多时间去沟通和协调，负责统筹人力和资源，为孩子构建有弹性也有挑战的学习环境。

在此过程当中，这些学校里的资源老师也有他们自己的专业辅导支持团队——在台北市的各级学校和市教育局之间，还有七家资源中心。这些资源中心的作用就是协助鉴定和分配学生就学，统筹调配特教资源，以及为各校教师提供专业支持。

"请给我们自主权"

第一次来到中山小学的时候，还未进门，我就看到临街的校园围墙上贴着一页公告，标题使用了红色的大字，写着"请给我们自主权"。

仔细读来，原来这是中山小学资优班的学生小组发动的倡导活动。这个班的孩子们在进行了全校调查之后发现，56%的学生没有自己决定课外活动的权利，并因此缺乏能动性，导致学习效率低。为此，行动小组特别制作了一个宣传片，建议家长扫公告上的二维码上网观看该视频并填写问卷。

和陈成文校长交谈过后，我了解到，中山小学的资优班并非传统意义上的"天才少年班"，而是全校7个资源班当中的3个，服务三年级到六年级的77名学生。这些孩子并不是因为普通教学大纲不能满足他们的求知需求才来到资优班学习更高难度的课程的，恰恰相反，这些学生或许在某一科或某几科有超凡表现，但其中很多人同时也有一定程度的感官、情绪、社交或是学习障碍。这类孩子被称作"双重特殊生"，也就是英文里的twice exceptional students，简称"2e学生"（本书中具体讲述"2e学生"

的全纳教育案例，请参见美国纽约市 Luria Academy 吉丽安的故事）。在台湾，对这一群体的了解和重视实际上是从 21 世纪初才逐渐开始的，其背后的理论基础便是特殊教育理念的改革，即把学生的学习需求放在中心位置，而非只看到他们的"超能力"或"障碍"。

中山小学的资优班教学分为五个向度：定向课程、个别发展、探索活动、研讨座谈以及独立研究。实际上，这些班级的教学方向与普通班的不同之处在于，利用小班教学，低师生比，专业情感和流程管理手段，以及个别教育计划（IEP）的制订，使资优班的课程更贴合学生的情感和学习需求。资优班有更多动手和实践项目，以及更关注学生的兴趣和主观能动性。资优班课程在内容设计上很大程度借鉴了"专题导向式学习（project-based learning）"的方法，鼓励学生们看到问题，解决问题，而不仅仅是记忆和复述书本上的知识。

近年来，中山小学资优班推出的"晴光景"课程，让学生有机会深入到学校所在的晴光社区，进行一系列观察和调研，然后通过访谈写作、制作视频、商圈模型搭建、社区提案，甚至设计桌游等一系列不同的表达手段参与到社区重建的设计当中。在这一课程里，学生学习的范围从自己小小的座位，扩大到资优班的讨论小组、电脑室，以及整个校园，再到整个社区。课程设置灵活度非常高，也给了学生最大的选择自主权。

"学生的需求在哪里，我们的服务就到哪里"

台北市中山区的晴光里在历史上曾经拥有台北作为日本殖民地和二战后美国军队驻扎时期最繁华的舶来品市场，因此，晴光社区的娱乐业也非常发达。著名的双城街夜市与中山小学的院墙一街之隔。更有多家酒吧、小吃店分布在学校四周的街巷里。近十年来，社区房屋和公共设施略显疲态，但因为交通便利加上晴光商圈推广得当而发展迅速，周边从事娱乐和餐饮业的流动低收入人群和东南亚新移民逐渐增多，整个社区面临新的挑战和一系列社会问题。学校接收的很多学生也都来自不同国家，有着不同的文化和经济背景。约有25%的学生家庭属于弱势人群，其中有些更是受到贫穷、家暴、父母缺位等因素影响。

2013年2月，桃园市少管所的一名15岁少年在校内禁闭室里离奇死亡。一时间，台湾少年管教系统内管理严苛，损害儿童身心健康和尊严的做法引发了大范围的公共讨论。全世界的隔离式教育机构，包括少管所和各类特殊学校，一向是霸凌、性骚扰和虐待事件的高发地。正因为其采取常年封闭式的管理方式和与主流社会有较大距离，受害者常常不敢发声，更不知该如何向外界寻求帮助。这一次，这个不幸死去的少年名叫凯凯，小学时曾经是资源教师颜瑞隆和庄雍纯的学生，升入"国中"之后的凯凯因为偷窃被送进少管所。

"我不会写文章，所以我只好讲给颜老师听，然后请他帮我写下来。"2006年，只有小学文化程度的买丽雪在中山区的一家卡拉OK店上班，附近一间小小的出租屋就是她和小外孙凯凯相依为命的家。"凯凯从小就是一个没有爸爸和妈妈照顾的孩子。他出生在监狱里，后来又被送到育幼院，我不忍心才去把他带回来。凯凯很不好教，在家里常常弄坏东西，到处爬高爬低的，打他也没用，不久他就又会恢复原来的样子。我之前让他在台南的乡下就读小学，可是我发现他在学校里根本没有在学习。他跟同学常常吵架、打架，然后老师处罚他，他就跑到教室外面去，然后一整个上午都在教室外面游荡。"

祖孙俩生活拮据。凯凯身世坎坷，行为古怪，在台南就读的学校受到排挤。此外，凯凯很小就曾被诊断为轻度智力迟缓，到了台北后接着被诊断为注意力缺失过动症（ADHD）。2006年的时候，凯凯被外婆接来台北生活，划片分到了中山小学三年级杨桂芳老师的普通班上。

"第一次与凯凯见面是在3年前，他由台南转学到我班上。当时外婆陪他随班就读3天，告知老师凯凯情绪不稳定，常常生气，对老师、同学不礼貌，还会严重到跑离教室，四处游荡，同时因为长期未就学，课业跟不上同学。"3年之后，在凯凯即将从国小毕业的时候，杨老师如此在一篇优秀案例分享中回忆最初见到凯凯时他的状况。

凯凯在幼年颠沛流离，居无定所。买丽雪寄希望于受教育能改变凯凯的人生轨迹，连到卡啦OK店上班时都把外孙带在身边，在包厢里教他读书写字。外婆虽努力管教孩子，却不得法，经常以打骂的方式处理孩子的行为问题，导致家庭亲子关系也不甚和睦。在学校，凯凯的情绪辨认和社会信息辨认能力都比较弱，经常误会同学的表情和表达，造成不必要的误会和冲突。同时，较弱的语言沟通能力也限制了凯凯与他人的互动关系。很快，凯凯开始在课堂上玩弄刀片、石块等危险物品，大声喊叫，吹口哨，对同学恶语相向，严重干扰了课堂秩序，也让许多同学和家长感到不安。

根据凯凯入校时的诸多问题行为，颜瑞隆和庄雍纯两位老师迅速介入，为他制定了针对情绪障碍学生的"正向行为支持方案"，其中包括长期和短期目标，以及针对不同行为的临时处理策略和长期培养方案，帮助他慢慢学习如何了解和控制自己的情绪，以及观察他人的表达讯号，并用一系列奖惩措施来确保凯凯对学校制度的尊重。这个支持系统里并非只有两位资源老师，而是可以看到整个校园的参与和对社会资源的整合。资源老师的"随机支援教学"确保班主任杨老师在上课时没有后顾之忧。颜老师和庄老师更是每周在班级教室里安排相关的全班和小团体辅导，帮助全体学生正确理解和对待凯凯，也协助凯凯建立人际互动的网络。由于凯凯更多的是情绪控制问题，并没有必要特意抽出时间单独在资源班教学，但资源老师会安排他在资源教室午休并服药，让他在一个相对平静的环境中休整。同时，资源老师也看到凯凯的需求远远超出了校园的范围，他们出面联系社区里专门辅助高风险家庭的社工中心，为凯凯的外婆提供教养指导，并协助改善家里的经济问题。由于凯凯家穷，外婆无力照顾凯凯，更没有钱送他去参加课后活动，资源老师联系了社区里大同大学的志愿者社团，每天放学后、晚饭前，由大学生志愿者来学校进行课业辅导和陪伴。

作为凯凯的资源老师，庄老师认为，不能够把资源生的教育仅限于课堂或是资源教室内。资源教师的思考起点一定是学生的需求，即"学生的需求在哪里，我们的服务就到哪里"。同样是资源生，也有很多学习障碍和认知障碍的孩子，他们可能不用老师随堂帮助稳定情绪，也不需要一套奖励制度帮助他们适应学校的规矩，但偶尔需要在单独环境内的小班学习。这个时候，资源教室就是一个提供学习策略和专门训练的好场所。"比如，"颜老师举例说，"有的学生看到一张考卷上有很多道题，就没法集中注意力，这时我们可以教给他怎么折叠考卷，每次答一道题的时候就只看到那道题。"慢慢的，这样的小策略累积起来，就会构成学生自己的"学习工具箱"。

个别教育计划实行一年多之后，凯凯的成功案例被选为当年的台北市校园正向行为管教特优奖。外婆买丽雪如此描述这一段时间凯凯的变化："这段日子凯凯的进步很大，情绪也变得比较稳定。以前刚到学校的时候因为情绪问题，几乎都没办法进行学习，但现在已经可以进步到写功课、乖乖在教室里上课了。在家里我要带他也比较容易，他也比较会听我的话。"中山小学也通过凯凯的例子，建立起一套问题行为处理典范制度，强调全校的整合以及所有老师发挥才能共同面对和处理的协作精神。正如颜老师所说："校园团队力量的整合需要依赖各单位抛弃'本位主义'，一切以学生的需求为中心思考、整合各单位的资源，共同为学生谋取最大的利益。"

从小学到中学

凯凯六年级时母亲出狱，小学毕业后就随母亲搬离台北。之后短暂的3年时间内，他从"国中"一路到少管所，直至最后离奇死亡。回顾凯凯的就学历程，让人不得不感叹他在中山小学度过的短暂时光确实是相对平稳，甚至充满希望的。在一次资源教师的培训上，颜老师讲完凯凯的案例，被问到是否有时会遇到瓶颈，会不会因为自己无力帮助孩子而对工作感到失望。他顿了顿，认真思考后说："老师的工作有时候就是一念之间——我们是不是能给孩子尊重、爱，给他机会，帮助他熬过最艰难、最无助的日子。只要我们曾经如此对他，给过他这样的成长的机会，也许当下并不可能立刻有效果，但未来可能会有转机。"

在教育的问题上，很多时候正需要这样长远的眼光以及坚持不懈的努力。台湾教育走向融合的过程不仅仅依靠法律和制度的进步，更需要意识的改变。过去的20年里，从成为一名年轻的特教老师，到即将从台北西区资源中心主任的位子退休，罗心美本人就经历了这一历程：年轻时因为从事特殊教育而被人"看低一等"，而今天，看到资源老师因能力更全面而相对更为抢手。罗老师说："社会的态度和意识一直在慢慢改变，我们可以看到普通班老师接纳度的改善，之前都不要特殊需求孩子，现在几乎每个班都有。这么多学生进来，一起学习，每天见面，肯定有帮助。家长的变化也不小，他们开始认为孩子生活中接触到有特殊需求的孩子是有好处的。很多家长开始注重品行和能力的培养。但是专业支持必须要有，而且也要提早预防问题的出现，才能防止普通生家长的不满，然后才可能有这些改变。"

台北市各区资源中心很重要的一项工作就是打消学生家长对融合教育的疑虑。每个学期，资源中心的工作人员要设计实施全市到各校的特殊教育宣导，派巡回老师培训各校资源教师并入班辅导，还会借学校日等大型活动做家长工作坊。"我们让家长知道法律规定'零拒绝'，这些学生必须要来学校上课。但我们有什么措施，我们的支持系统是什么样的，专业人员的介入是怎么做的，这些都要讲，让家长了解这样做并不会影响课堂质量。"

融合教育支持者持续的努力和自身体系的完善提高了家长的接受度，再加上同时期社会的变化，才带来了真正的教育改革。"现在的台北市，至少在幼儿园和小学阶段，家长不会过于看重课业，而是更看重能力建设和创新，"罗老师解释说，"但是，虽然小学学科导向减少，中学压力还是会有的，推行融合教育并没有那么容易。"

在东亚地区，大多数家长仍然笃信竞争激烈的精英式教育。孩子从小到大经历层层选拔，最后优秀人才胜出，所谓"掐尖"，与融合教育的理念并不合拍。因此小学时期虽然普通生家长满意孩子在融合环境内培养道德品质与合作精神，但"到了中学气氛不一样，台北的几所精英高中还是要看考分的，竞争仍然非常激烈"。

特殊需求孩子面对的这一困境，中山小学的资源老师和特教老师们心中也有数。颜老师在分析凯凯离开中山小学之后的境遇时这样说："'国中'整体上还是很重视语言，重视考卷的。"对于表达能力有限，或者有学习障碍的学生，这样比较单一化的学习模式要适应起来是有一定困难的。再加上小学是班主任制，几年时间里，老师通常会和学生一直在一起，一同成长，互相非常了解。"到了中学就分科了，班级老师实际上和孩子交流比较少。"对于特殊需求的学生来说，多年培养的信任关系几乎是他们的教育里面最重要的一环。

凯凯毕业之后，在"国小"时对他倾情投入的几位老师还去看过他几次，感到他对"国中"生活似乎有隐隐的不满，对学习提不起兴趣，此后他很快就滑入了逃学和偷窃的深渊。到了少辅院这样的机构，更是一切都是军事化管理。直到近几年，特殊教育的理念才慢慢开始渗透到台湾的少辅院中，特教师资和融合意识仍然匮乏。特殊需求学生自身对自己的法定权利也是一知半解，又没有家长在旁帮助他们倡导教育权利，协助做一些重要的决定。颜老师谈到凯凯的死亡很愤慨："凯凯需要特殊教导，根本不该送去少辅院。那里的指令和动作，他可能因一时没听进去就会被处罚。还有，以他的个性，少辅院那种环境，如果有同学骂他、打他，他一定是骂回去、打回去，他不懂得隐忍或迂回应对。"

在美国，有 65%～70% 的少年犯被诊断有某种或多种残障，其中心智障碍和学习障碍的比例最大。有学者认为，这些孩子脱离社会轨道走向犯罪，很大程度上是因为传统教育系统过于死板，没能提供专业上和情感上的支持，也不能够宽容他们的不同，导致这些本来天真无邪的孩子因为在学校里经历了过多学业上和社交上的挫折，并被这些失败和他们的残障所定性，从来没有机会学习如何理性控制自己情绪，如何与周围人和谐相处。

教育环境及其背后的文化对孩子的发展来说至关重要，当一个教育系统缺乏包容的理念，只有挑选精英的功能时，一个出身低微、与众不同的孩子的求学道路只可能越来越窄。凯凯的人生终点不该是少辅院，还有更多中重度身心障碍的学生，他们理想的教育环境又应该是什么样的呢？

另一个楼道里的特教班

根据 2014 年的数据，台北小学阶段的 141 所学校中一共开有 255 个资源班。每所小学都至少有一个资源班，但也正如颜瑞隆老师所说，这些资源班并非传统班级编制。资源学生的课程编排很灵活，每个孩子真正在资源教室的时间并不固定，学籍也仍然在普通班。与此同时，41 所台北小学共设有 105 个集中式特教班。这些班级里全部是中重度智力障碍和自闭症的孩子，采取小班教学的方式，平均每班 6 到 8 名学生，配有两名特教老师。中山小学的 7 个特教班在一进校门右手边的楼道里一字排开，面对一排榕树，后面有开阔的操场。因为在最方便出入的位置，全校学生每天都要多次经过这一排教室。

年轻的黄齐慧老师就在这一排教室当中的一间工作。她是五年二十班的导师，个子蛮高，短短的卷发，眉眼清秀，穿着简单的牛仔裤和T恤衫，举手投足有一股英气，上课也格外有活力。参观完她的班级之后，我们在教室门口互换联系方式，并商量下一次来参加班级活动的时间安排。这时一个身材消瘦的红衣少女有点羞涩地凑了过来，对我们说："我也想要听。"从那一双很美的丹凤眼，我认出她是黄老师班上的一个学生，名字叫婕妤。得到批准之后，婕妤就静静地站在一边听我们讲话，很有礼貌，并没有再打断过我们。

　　婕妤今年11岁，8个月的时候被诊断出疑似染色体异常导致的严重智能障碍。从那时起，婕妤就开始接受频繁的语言和技能训练。台北市对残障儿童的治疗和训练补贴很高，只需要付100台币（折合约20元）的挂号费就能够免费预约6次课程，每次课程长度在1小时到1小时45分钟之间。对于作为双职工的婕妤父母来说，这样每天的一堂训练课是他们的经济水平完全可以支持的。同时，婕妤父母也知道，任何训练也不可能替代教育。他们一开始送婕妤去上一个专门针对特殊小朋友的私立幼儿园，师生比例很低，对孩子的关照也很多。但小学开始前一年，婕妤的妈妈就开始四处打探小学的信息，走访了多所接受重度智能障碍学生的学校，最终选择了中山小学这所公立学校。如果依据婕妤家的地址分配，就读中山小学算是跨区就学，因此还要经历跨区资质审核——家长申请之后，评审委员会就孩子的具体情况咨询家长为什么要跨区，并做出最终决定。最后，因为婕妤家实际上离中山小学很近，加上委员会认为她更适合在中山小学的特教班学习，她很幸运地得以从一年级开始进入黄老师的班级。选择进入集中式特教班，婕妤妈妈还是考虑到孩子可能还是需要更多的照顾和训练，也担心普通班教学难度太大，怕婕妤会学得太痛苦，又怕拖了班级的后腿。作为母亲，她也很希望婕妤能够多一些和普通班学生之间的人际交流。普通小学中的特教班虽然分开上课，但至少还在同一所校园里，天天都能见到，普通班和特教班之间的互动活动也很多。如果上了特殊学校，虽然治疗师、老师的配额都会多，孩子接受到的照顾也会比较好，但与同伴的交流可能就会少了。

　　再次见到婕妤和黄老师，是在隔天的一场生日会上。中山小学的特教班和普通班之间结为姊妹班级是很常见的事情。黄老师很希望自己班上的小朋友能有更多的机会和普通班的同伴互动。"有些普通班的老师也很喜欢和我们一起组织活动。"二年三班班主任杨桂芳老师就是其中之一。杨老师和黄老师班级里的小朋友几乎每天都会在一起活动，不光是每周都会在一起上两节国语和劳工课、体能课，班会等集体活动的场合也经常是黄老师和杨老师一起策划的，甚至两个班里每个小朋友的生日都会一起庆祝。

下午两点，特教班同学午睡起来，在老师的辅导下收拾好床铺、玩具和桌椅，等待客人到来。黄老师安排好一个流鼻血的小朋友去止血，又催促另一个去普通班上音乐课的男孩子尽快出发。做完这些，她在教室里放舒缓的音乐，调暗灯光，让余下的7名同学在靠墙的置物柜边坐下。等他们安静下来后，开始讲下午的安排，并着重说到即将开始的二年三班同学佳硕的生日会。婕妤既兴奋又紧张，不断要求大学生志愿者吴老师来陪她坐。吴老师叫吴诗琪，是台北市某高校特殊教育专业的学生，她这一学年每周都到中山小学，做半天志愿者，希望能够了解融合校园内特教班的情况。半年多来，小吴和婕妤建立起了深厚的情谊。除了小吴，班中还有另外一名志愿者，再加上两位特教老师和两位助教，7个学生最多的时候会有6名成人在班中协助，师生比几乎是1∶1，这是其他普通公立学校所不能想象的。中山小学的志愿者招募和管理一向很成功。学校的行政和教学团队同台北很多高校，特别是师范学院都有长期合作，再加上和社区义工团体交流密切，用陈校长的话说就是"志愿者和实习生都排队等机会进来"。

五年二十班本有9名学生，其中一名因为刚刚出院，正在家接受送教上门服务。很多残障学生需要频繁出入医院，接受手术和治疗，所以这样的"医院—家—校"一条龙教育也是台北西区资源中心管理的项目之一。它确保学生在不能到校期间也能接受有质量的教育，跟上学校的进度。另外一个缺席生日会的是去了普通班上音乐课的斯轩。他当前的课表上几乎一半以上的课都是在不同年级的普通班里上的，这样的"走读"学习方式需要极强的自我管理能力，黄老师认为他很有可能未来彻底转去普通班就读。

特教班的学生虽然学籍和普通班学生是分开的，却并不是永远只能在特教班上课。特教和资源学生的个别教育计划（IEP）需要每半年更新一次，讨论未来教育目标以及理想的实现手段。每个月，导师们都会一起坐下来，讨论自己手上的学生个案，互相帮助分析教学策略，并有行政部门介入调配资源。黄老师和家长们的日常交流也会用电话进行，或者在 Line（台湾的微信）上进行。如果学生和家长有意愿，导师会尽一切可能安排程度适合的普通班课程，适当时候也会帮助家长调整期待值，提出离开特教系统或者留下的建议。陈校长的观察是，在台北，特教系统下的学生未来的升学通道更宽一点，所以虽然偶尔家长们的期待值会过高，但整体上很信任老师，在放弃特教学籍的问题上也会比较谨慎。

婕妤明年就要升"国中"了，她妈妈已经提早一年开始物色合适的学校。她并不排斥让孩子上普通学校的普通班级，以一个"正常人"的身份进入主流社会，但还是希望婕妤在中学阶段仍然能够在特教班就读，然后开始一些职业训练。"婕妤自己对餐饮业感兴趣，所以我也去提前看了几所餐饮学校，如果她将来能够有工作，有自己的生活，我会很开心。"但她妈妈最担心也正是婕妤的独立生活能力问题，"因为她的手部功能比较差，在家里有外佣帮她做很多事情，这样也不好。我们还需要配合黄老师多多训练，严格要求她。中学师生比例更低，对情绪管控方面的要求也更高，她现在还是会闹情绪，未来对她来说会是一个挑战"。

融合是一种文化

二年三班的小朋友在音乐声中鱼贯进入五年二十班的教室，几个比较活跃的学生立刻向特教班里自己熟悉的小伙伴挥手并主动要求坐到一起。这时，杨老师却要求自己班里学生先安静坐好，然后给每个特教学生一点时间，轮流从一片高举的小手当中选择自己的"小天使"，并分别坐到他们身边。可以看出，大部分选择都没有什么悬念，在一起活动近两年，孩子们互相之间已经很熟悉了，但黄老师是如此解释这一"固定流程"的："有时候普通班的小朋友会今天选择和小安结成对子，下周又选择小明，对他们来说有点新鲜感很好玩，但是小安就会很受伤啊，她就不明白为什么自己刚刚熟悉了的小伙伴不愿意再和自己结对子了。其实这样的日常融合活动中经常会遇到各种问题，我们作为老师，很多时候需要做的并不是教授知识，而是想办法帮助孩子提供解决路径。"

就这样，7个特教班的学生像几滴露水一样融入了一个更大的班级，每个人身边都坐着自己信赖的同学。之前紧紧和婕妤"拴"在一起的小吴老师，还有其他的助教老师也退到了教室后面。离我不远的一个羞涩的普通班小姑娘轻轻拽了拽小吴老师的衣角，问："崇佑哥哥的手怎么啦？"崇佑是个英俊的自闭症小伙子，双手被白色纱布缠绕包裹起来。小吴老师压低声音，简短回答："崇佑的手没有问题，就是想有东西紧紧包住而已。"

话音未落，寿星佳硕的妈妈送来了两个大蛋糕，孩子们一阵雀跃。黄老师带领所有小朋友用中文、英语和台语连唱三遍生日歌，杨老师则负责给小朋友们拍照。大家兴高采烈地催促佳硕许愿、吹蜡烛，然后依次走上前去领自己的蛋糕。在这个过程当中，孩子们就一边等待，一边坐在地板上三五成群地聊天说笑。轮到婕妤了，她试了两次却无法自己从地板上站起来。婕妤的黄衣"小天使"赶忙过来一把把她抱住，但因为婕妤个子高一些，两人险些一起倒下。黄老师远远看着，一边笑一边说："你帮婕妤把身体往前倾，她自己就可以慢慢站起来，要不她越来越高，以后可真要抱不动了！"吃完蛋糕，"小天使"又帮婕妤拿纸巾擦手，清理好婕妤掉在地板上的一小块蛋糕，并冲到房间的角落扔掉了两个人的纸盘和空饮料盒。

在黄老师看来，这样的日常融合活动是中山小学融合气氛的最佳体现。"对于残障儿童来说，这种经历和同伴间的互动交流是校外再多的照顾、治疗和训练都无法带来的宝贵财富。对于非残障儿童来说，这个年龄的孩子是很有责任心，很愿意帮助别人的。但只有当他们常态化的生活当中就有残障儿童，吃饭、刷牙、过生日都在一起时，他们才能真正从内心接受并习以为常。"

全纳：亚洲模范生的下一个挑战

对于全纳教育，人们有一种误解：通过诊断和一系列标准来区分普通儿童和特殊儿童，然后确定他们的需求，把这些孩子放在一个校园里，然后具体配备每个人所需的服务。在现实中，这里面的每一个步骤都并非像人们想的如此简单直接。

诊断和评估就是第一个难点。比如，情绪行为障碍和学习障碍因为不是显性残障，孩子的需求往往会被成人忽视，小学阶段之前很难获得诊断。全台北市每所学校都有资源班，近14000名特殊教育学生当中，将近一半是情绪行为障碍或学习障碍的孩子。这些学生进入小学时几乎全都是在普通班上，普教的任课老师慢慢发现身边的学生在情绪上、社交上或是学习上的障碍，然后转介给学校辅导室和资源小组，经过一系列的评估和鉴定，这些学生才能获得资源生身份。在这个过程当中，因为每个学校的特教师资水平不完全一样，经验少的学校会求助资源中心来帮忙做评估，设计策略，联络助教和专家资源，甚至协助在校老师处理一些严重的情绪行为问题。评估本身也是一个动态的过程，因为孩子就学的过程中包含了太多变化和成长，任何教育策略都需要教育工作者、家长和学生自己根据具体情况不断去反思和调整，不能期待编织几个完美的"筐"，然后把孩子按残障类型及严重程度扔到不同的"筐"里去受教育，事情就解决了。

即便是听力障碍这样的显性残障，教育评估和安置也并非去医院做检查、获得一纸诊断这么简单。台北市听障资源中心的楼威主任解释说："我们的责任并不是要判断他们残障的严重程度，从而鉴别他们是否有资格接受福利。对于社会福利局来说，一个人听损55分贝说明他可以获得残障相关的福利。可对于我们来说，可能25分贝的听损并不足以界定他的"残障"，但会影响到孩子听课的质量，那我们就要给他调动相关资源，提供融合支持。因为受教育是学生的权利，我们必须创造一个平等的起点，让他们能充分享受这个权利。"

台北市目前融合教育成果显著，90%的学生就读于普通学校，但十二年义务教育范围内仍然有四所特殊学校存在，加起来一共接收700多名学生。大部分教育对象都是多重残障，需要大量日常照料和有针对性服务的学生。接近五分之四的台北市听障学生依靠FM调频辅具的帮助就读于普通学校的普通班级。少数希望孩子接受全面手语教育的家庭会特意选择启聪学校，这所特殊学校150多名学生中的大多数都是全聋和多重障碍的孩子。很难想象，在融合教育政策推广之前，启聪学校曾经有几千名学生，现在这所特殊学校也是听障资源中心的所在地。听障资源中心的工作人员却并不满足于这样的成就。他们告诉我，聋人融合教育下一步的工作重心分为两方面：一方面，资源中心希望能够推动聋人文化，提高手语在校园和社会上的接纳度；另一方面，他们也在做实验，构建和推动"学术手语"的发展，培养更多手语专业人才。"这样未来全聋的学生以及其他科技无法帮到的听障学生也能够有机会去上普通学校。"

台北市的多元融合不可谓不细致，从普通班到资源班，到集中式特教班，再到特殊学校，每一个教育场所及其每一个细小功能都被切割成小小的乐高拼插件，用它们来为每一个孩子搭建精致又契合的服务系统，为不同需求的学生寻求完美的动态安置，并保证他们在其中获得最优质的教育。为这样一个系统提供统筹和专业资源支持，是台北7家资源中心目前的核心业务，但西区资源中心主任罗心美对未来仍然有不同的设想："虽然这些到普通班的孩子，我们是有很多措施在帮他们，但我去到澳洲的时候，看到很多普通班老师本身就有很好的调整能力、班级经营能力，如果普通班就能做到关注每个学生的能力和需求，就不需要这么大的支持体系。"也就是说，一个看似完美、事无巨细的体系也有可能成为一种负担，甚至会造成新的隔离。全纳教育应该是灵活的，起点在于课堂教师对每一个孩子的关注，这些老师背后需要有专业团队的支持，从教学专业性的培养和扶持到治疗师等资源的调配，但基本的教育职责还是应当落在普通学校的普通班级里面，这样真正的全纳也是台北教育工作者们的下一个目标。

第七章

城市边上的融合

——清平小学，校长引领的融合教育变革

摘要

孤儿院的请求开启了清平小学的融合教育实践。清平小学不是一所精英学校，却在城乡接合部找到了自己的融合教育模式。融合教育和家校共育是清平小学的两个特色工程，在武校长的带领下，二者互为基础、相辅相成。

阅读提示

作为一所服务城乡接合部社区的公立小学，清平小学重视家校共育，把学校打造成周围社区的文化高地，从而赢得了家长的信任，为开展融合教育打下了基础。

孤儿是一个不被看见的群体，残障孤儿更是如此。残障孤儿进入普通学校，是融合教育的机遇，也是融合教育的价值。

在缺乏制度保障的地区开展融合教育特别需要校长的魄力，而魄力可能源自对教育的理解、对权利的尊重以及自我实现的愿望。

潍坊市位于山东半岛中东部，北面靠海，其余三面环山。潍坊是一个多树的城市，宽阔的马路中央有宽宽的绿化带，白浪河、虞河、张面河边的树木让城市的居民在炎炎夏日也有小坐、闲谈和散步的去处。

潍坊的基础教育办学水平在全省乃至全国都富有名气，素质教育尤其领先于全国其他地区。增进师生关系、推进课程改革、校长去行政化等，这里的实践给全国提供了"潍坊样本"。因此有人说，"树木"和"树人"都让潍坊人自豪。

然而清平小学并不是这座城市的明星。它地处城乡接合部，即使是从业多年的出租车师傅，也极少知道这所学校的存在。清平小学是一所公立学校，成立于2012年6月16日，由原来散布在18个自然村的清池实验小学、清池小学、马宿小学和北冯小学合并而成。这18个村庄，有的几百口人，有的两三千人。2013年，四座崭新的教学楼取代了平房，家长朴素的穿着和浓厚的乡音、漂亮的操场和现代化的教学设施提醒着人们，这是一所面向农村的城市学校。

2016年夏，这里有800多名儿童就读。每日清晨、中午和傍晚，几辆校车在学校与七八公里外的村庄之间往返四次，接送沿途的孩子。在所有小学生当中，有20个孩子的家离清平小学最近，他们的上学路只有300米。在清平小学，只要你的视线能够越过学校的围墙，你就能看到一个比清平小学略小的建筑群，它属于潍坊市儿童福利院。每天，福利院派出自己的班车，接送这20位同学上下学。

三百米，从福利院到学校

每个人都有生身父母，但是孤儿在他生活的当下却没有父母。如果儿童是被遗弃的，父母的贫穷、悔恨和羞愧都是阻碍亲人重聚的障碍。孤儿院的孩子，如果超过3岁，就大致失去了被收养的可能，收养者担心后天的亲情不被认同。孤儿如果有残障，被收养的机会也较小，年龄越大，走出福利院的机会就越少。

根据2013年官方媒体的报道，我国现有孤儿61.5万人，其中民政部门儿童福利机构养育10.9万人。这意味着，6个孤儿中只有1个能进入公立孤儿院。公立福利院会为院内儿童提供教育，但是那里的教育状况极少为人所知。统计报告、媒体报道忽略了这类教育，也鲜有关于这群儿童生长轨迹的记录。我们周围应该有人曾在福利院度过童年，但我们遍寻不到他们关于这段经历的只言片语。

2010年底，潍坊市斥资6700万元建成的儿童福利院新址投入使用。新福利院位于城乡交接处，伞状的主楼寓意孤残儿童能够有一把庇护他们的大伞，福利院可以容纳500个儿童。到2016年，入住儿童200多人，其中多数儿童有程度不同的残障。

5月31日是国际儿童节的前一天，还不到"送温暖"的日子。中午，初夏的阳光暖暖地照在三三两两的行人身上。一辆面包车停在福利院门口，20个孩子从车里钻出来，一边互相揶揄一边各自用最快的速度向餐厅的方向走去。

从福利院来到清平小学的第一批儿童共有9名，方志新是其中一位。志新是一个"小不点"，他比同龄人瘦小许多，办公室的沙发他需要一跃而上。医生说他不会长高，但内脏会不断长大，这会给他的生活造成越来越多困扰。2012年9月1日，这一天志新不需要请假就可以走出福利院的大门。不同于他经历过的春游和秋游，这一次踏出福利院不是和大队伍一起，身边只有另外8个小伙伴和福利院的两位老师。怀着忐忑的心情，志新来到了清平小学，那时的学校还是工地旁的一片平房，想到每天都要来这里，周围没有高楼和院墙的阻隔，志新顿时感觉身体轻飘飘的。

志新比同班同学大两岁，也自然有了与一年级不相符的感受力。他能感受到他们9个人与学校的其他同学并不一样，感受到这一点并不困难，他们被谈论的次数多过其他人，似乎他们需要更多的"关心和爱护"。他最喜欢的老师是校长。校长高高的身材，经常弯下腰来故意用粗粗的声音跟小朋友们说上几句。2012年12月底的一天，校长还戴上尖尖的红帽子，穿上镶着白色毛毛边的红色衣服站在院子里，与大家一起过节日。

志新迅速成为学校里的明星，他学习成绩突出，并且口才出类拔萃。学校所有的大型活动，主持人当中都会出现他的小身影。一些老教师感叹说："许多年没有看到这么优秀的孩子了！"

2015年的一天，志新突然离开了学校。福利院的老师告诉清平小学，一对美国夫妇收养了他。在志新之后，每年都有福利院儿童因被收养而离开清平小学，同时更多的儿童从福利院来到这里。无论后来者多么出色，他们都取代不了志新在老师心中的位置。他是那座建筑里走出的使者，带领自己的姐妹兄弟在比邻的清平小学改变了一些东西。

全纳，先进来再说

武际金，清平小学的第一任校长，1990 年从师范学院毕业。他是山东省科学学科的教学能手，自 2009 年起，任高新区教研室副主任，2012 年开始兼任清平小学校长。

武际金是潍坊人，从小在白浪河边长大。白浪河由南向北穿城而过。如果沿白浪河一直向南寻到它的源头，昌乐县就在那里。二十世纪八九十年代，昌乐特师曾经是内地重要的特殊教育师资培养基地之一。在昌乐特师兴盛的时代，随班就读工程也开展得如火如荼。潍坊曾经是随班就读实验区，然而时至今日，在潍坊已经很难打听到这段历史。

2012 年 9 月，新成立的清平小学刚刚开学。一间平房办公室里，坐在椅子上的武校长静静地倾听着面前的人们的质问。武校长的对面，或站或坐着几位家长和本校教师。

"这些孩子到我们这里来，影响教学质量。"一位教师说。

"我们孩子的利益你怎么能保障？"一位家长说。

在倾听了一刻钟的倾诉和质疑之后，武校长严肃地说："这样，如果你们摊上这样一个孩子，你们想不想让他们上学啊？"顿了一下，他突然提高声音，"就是你没摊上，你摊上的时候会找我吗？"

沉默了片刻，一位家长说："那不管了，出了问题你担着！"

人群散去之后，武际金又静静地坐了一会儿，他回想起上个月代表潍坊市儿童福利院来访的夏主任说的话。夏主任告诉他："福利院有两百多名孤儿，其中很多有某种残障。那些没有残障的孤儿还有上学的机会，将来还能有自食其力的可能。残障的孩子很难被学校接收，将来就真的不容易生存了。"清平小学是距离福利院最近的学校，夏主任希望武校长和清平小学能够接收那些生活可以自理的残障孤儿入学。武际金没有迟疑，立刻答应了夏主任的请求。

武际金说:"我庆幸自己当时没有迟疑,因为一旦迟疑,就可能有这样或者那样的想法。我在校长这个位子上,我说帮,他们就能来;我说不帮,他们就来不了。我有这个权力,就要用到对的地方。我没考虑是不是在成绩上会有影响,因为有了影响说明需要调整。如果实在不行,孤残儿童完全没法上课,那我们再想别的办法。现在就是要先进来再说。"

调整,绕不开的挑战

在那次办公室内的当面质询之后,武际金明白,他不可能永远靠校长的权威留住福利院来的孩子们。他需要做些什么,让那些家长和教师没有理由再一次找上门来。

福利院儿童刚入学的时候,无论是武际金还是老师们,没有人听说过融合教育。他们把自己的做法叫做"健残一体化"。武际金和副校长于金秀讨论了"健残一体化"的实施方案,他们不约而同地把"健残一体化"当成推动学校教学质量升级的机遇。

那时候,潍坊正在推进"新课改",其中一项重要内容是建设自主互助的课堂,鼓励学生采取自主、合作、探究的学习方式。为了实现这一点,于金秀负责指导教师在自己的课堂上建立学习小组,把能力不同的孩子放到同一个组内,保持组内能力的多样性,在组内建立合作、互助的同伴关系。同时,尽量保证组与组之间能力相当,这样就能在小组间建立竞争关系。

于副校长和任课教师共同研究,针对每一个残障儿童的实际认知水平,制定不同于普通学生的教学计划和教学目标。教师们备课做到"三查",即"一查学习障碍原因,二查障碍程度,三查个性特点"。掌握了学生的基本情况,教师必须在每节课的教案里至少设计一个个别化教学环节。与此同时,校长要求教师在教学过程中做到"五平等",即"回答问题平等、参与小组活动平等、个别辅导平等、培养特长平等、面批作业平等"。

在课堂之外,武校长采取的策略是加强人格教育。他认为,如果每个学生的人格都更完善,他们必定责任感更强也更包容,校园里的融合也就自然而然地发生了。他在每周一升国旗之后设置了一个固定环节——"武校长讲故事"。武校长的故事取材自上周的真人真事，每次讲述一位同学的一个亮点——关于担当、贡献、互助、包容……校园的一角有一面"承诺墙"，故事结束之后，武校长会邀请故事的主人公到承诺墙前合影留念，他们的照片会出现在承诺墙上。

2013 年的六一儿童节，清平小学的每位儿童收到一份简短的问卷："你希望在六一儿童节这天做什么？请列出三件你最想做的事情。"问卷上只有问题，没有选项。81% 的儿童都提到与福利院儿童有关的事情："希望到福利院做客"，"希望给福利院的同伴送礼物"，"想邀请他们到家里做客"……这样的结果出乎所有人的预料。

家校合育，全纳和城乡融合的根

深圳宝安区宝城小学的 19 名家长联名写信，要求在该校就读的自闭症学生李孟转学。珠海初一学生阿文因扰乱课堂秩序和使用威胁性语言等问题被家长们投诉，学校一度拒绝其进入教室。班上 42 位同学的家长联名反对阿文随班就读……

近些年，这样的事例屡见不鲜。在事件曝光之后，融合教育的正当性和可行性总是成为公众热议的焦点。然而，"信任"的重要性似乎没有得到充分的讨论。至少从上面两个事件可以看出，家庭和学校之间缺乏信任也是导致问题出现的主因。受到家庭信任的学校才能做出自己的决定。虽然被信任的学校做出的决定也难免遭到家长的质疑，但家长会给学校起码的机会和时间，而不是使学校陷入最尴尬的境地。

武校长说："全纳教育的'全'字不仅包括特殊需要儿童、留守儿童、天才儿童，还包括家长。家长，不仅包括残障儿童的家长，还包括普通儿童的家长，要让他们信任学校。与此同时，学校不但要为学生提供教育，也要为家长提供成长的空间。作为一个城乡接合部的公立小学，我们尤其有这样的使命。农村家长的文化程度平均较低，自己可能不重视子女教育，也不重视自我充电。我们要'度'他们。如果我们能做好家校合育，通过家校合育'育'学生也'育'家长，我们就埋下了城乡融合的根。"

然而，家校合育在我国是一块"难啃的骨头"。有一种流行的说法，

"5+2=0"。每周儿童在校上课五天，周末在家两天，在家的放纵抵消了在学校的学习效果。根据中国青少年研究中心发布的一项有关家校合育的研究结果，包括山东省在内的九省市4000份问卷显示，接近85%的家长在子女教育问题上过度依赖教师，而轻视其他家长和自身的经验。另一方面，多数教师并不认为协助家长是不得不做的事情。接近半数的教师认为为家长提供协助只是自己的道德义务，甚至有一小部分教师认为自己没有义务参与家庭教育。

2014年，清平小学的全纳教育实践打动了全国家校合育项目考察组，清平小学成为家校合育的试点学校。这个项目能为清平小学带来难得的家校合育领域的专家资源，有可能打破家校合育面临的僵局。在专家的协助下，清平小学开了自己的家长QQ和微信群。校长、老师、专家和全体家长在社交媒体上讨论身边出现的教育问题。清平小学还开办了各类家长课程，为家长提供沟通技巧、教育方法和理念。

在清平小学的各类家长课程上，武校长经常登台演讲。他善于用打比方的办法与家长沟通。有一次他这样说："孩子就是'复印件'。想让'复印件'质量好，首先'原件'要好。谁是'原件'啊？家长是'原件'。就好比说，你生一对双胞胎，一个放我家里养，一个自己养，6年之后两个孩子还一样吗？显然不一样。这是为什么？这是因为家不一样！"

关于全纳教育，武际金这样对家长说："为什么我们要招收残障学生？为什么我们的孩子们在很短的时间里就接纳了福利院的同伴？我认为这是一个社会现象。孩子们心中有美好的情感，但是面对强势群体——老师、家长和社会，他们没法输出心中这种美好的情感。普通孩子面对处境不如自己的同伴的时候，他们友爱的一面就表现出来了。同样的道理，当爸爸妈妈示弱的时候，比如说我们生病了，起不来了，孩子会倒水，什么都会干，你们发现这种现象了吗？背后的原因是我们那个时候是弱势群体。孩子们喜欢照料小动物，喜欢照料生病的父母，也喜欢陪伴残障同伴。这样我们就把所有的教育连起来了，爸妈学会示弱，孩子们就学会了如何正确面对比自己弱小的人，他们心中的大爱就出来了。从这个角度来说，我们为什么不把福利院的儿童招收进来？他们是学校最宝贵的资源，他们不是负担，是财富，不是'孤残儿童'，是'福娃'，给我们大家带来幸福的娃。你们家长看到自己的孩子进步了，老师们看到学生认真了，我们校长感觉自己做善事了。这些孩子给了我们所有人一个成长的舞台。"

刘颖，与清平小学的偶遇

为福利院的儿童敞开大门，这是清平小学全纳教育的第一步。在清平小学，还有5位来自潍坊市不同地区的残障儿童。他们慕名而来，在这里开始了一段"不那么挣扎"的融合经验。

"妈妈，这个学校真漂亮！我喜欢在这里上学，我想在这里看书，这里书太多了……"刘颖兴奋地对正在开车的倩新喊。

小刘颖所说的书摆在清平小学教室外的走廊里，学校希望这些公共书架能培养儿童对书的情感。倩新和刘颖刚刚访问过清平小学，车子行驶在回家的路上。倩新也很开心，几年来带着女儿四处碰壁，刚才的访问是这些年里最愉快的一次。武校长一口答应接收刘颖入学，一年级的班主任老师还带着刘颖参观了学校。母子俩到清平小学的时候已经接近下午5点了，老师在下班后依然愿意为前来的残障孩子花时间，这在以前想也不敢想。

刘颖11岁，生于2005年。她极度瘦削，说话时而激情四溢，时而喃喃自语。出生14个月时，被医生诊断为智力发育迟缓。经过3个多月的康复，她迈出了人生的第一步。

2006年，刘颖的康复费用是每月3100元，而父亲每月固定收入2000元。倩新需要花时间陪伴刘颖，自己的小饰品店也只能在周末晚间营业。有些人质疑倩新的决定，其中包括一些智力发育迟缓儿童的家长，他们认为做康复是徒劳的。每一次不得不回答的时候，倩新都这样说："康复不是我的专业，但小颖是我的女儿，生下了她就要把她抚养成人。"她还有一个比喻，养孩子就像种树，不管长的直还是弯，种树的人都要施肥。如果等到树长粗了才施肥，很多树在那之前可能就死了。

刘颖把康复叫"干活"。长大一些，刘颖常常问："我为什么每天要干那么多活？什么时候才能干完啊？"倩新说："每个人小时候都要干很多活，都需要锻炼身体，为将来上学做准备。"

话虽如此，倩新从来没有认真想过女儿也能上学。是一位外地康复医师的话，改变了倩新和刘颖的生活轨迹。"时代不一样了，现在所有儿童都能接受教育。康复是终身的事，康复替代不了教育。"

最开始，倩新找到了当地一家特教学校。校长说："这里不适合你们的孩子。我们的学生16岁还在认读十以内的数字和自己的名字，他们在这里学习生活自理。你们的孩子可以上普通学校，在我们这里时间长了就耽误了。"

在几次碰壁之后，终于有一家幼儿园接收了刘颖。老师建议她从中班开始，因为小班的同学还没有学会包容和接纳，大班的课程又比较难。然而，小刘颖在中班的日子并不愉快。有一天，奶奶见到全体小朋友正在观看大屏幕上的动画，刘颖孤零零地坐在屏幕右下角的位子，背对屏幕，面向观众。老师说，这样是为了让她不走神。小刘颖不爱睡午觉，这也让她在幼儿园里不受欢迎。作为惩罚，下午老师极少把水果分给她。结束了第一年的幼儿园生活，倩新希望女儿随着已经熟识的小朋友一起升入大班。不过假期刚刚开始，倩新就收到了老师的短信，短信里，老师列举了许多刘颖应该离开幼儿园的理由。"我知道，我们又要开始找下一个出路了。"

在当地教育局的帮助下，刘颖进入了家附近的一所小学。在那里，她被安排在二楼。刘颖上下楼梯很吃力，倩新希望学校能把教室安排在一楼。不巧，一楼只有一间教室，那间教室里已经有一位类似情况但程度更重的小男孩，学校因此无法满足倩新的要求。倩新被允许在学校陪读，但她不能进入教室，只能在传达室等，女儿出来上厕所的时候，她才能跟上去做一些协助。在教室里，刘颖被安排在最前面，全班同学都坐在她的身后。有一天，刘颖委屈地对倩新说："为什么在学校里小朋友都不跟我说话？没有人跟我玩，我没有朋友。"

倩新说："下课之后有人跟你玩啊！你还记得吗？"

"那个小朋友的妈妈是妈妈的朋友，所以她才跟我玩。"

刘颖因为超负荷行走伤到了脚，必须要休养一段时间。倩新知道，女儿需要一个不太一样的学校。她再次求助于当地教育局，工作人员很热心，但是在没有充分沟通的情况下，帮助刘颖转到了当地的培智学校。"等到了那边我们才知道，那所学校只招收自闭症孩子。自闭症孩子在肢体运动方面比刘颖好，但交流方面障碍比较多。校长不想留下刘颖，但是他误会我们在教育局有关系，所以勉强留下她。"

开学之后，倩新发现这所学校每天有四节体育课，学校希望通过体育课消耗自闭症孩子身上的能量。体育课的时候，刘颖留在教室里玩玩具。剩下的时间是认知课，老师要求孩子们认识油菜，并学会择菜。"整个星期都在认油菜，我有点着急。问老师，他们说上个学期都在认油菜。10个孩子当中必须有8个人认识油菜之后才可以继续。"刘颖愉快地服从老师的要求，很快地把自己从家里带的油菜择好了，还抢着把班上其他小朋友带到学校的菜择完了，这让其他学生的家长很不开心。

"那个时候我很焦虑。我们从普通学校转学来到这里，现在再回去基本上是不可能了。"

一天放学的时候，倩新开车送另外一位同学回家，这个同学的妈妈说，以前班上有个同学，最近转学去了清平。倩新听说过清平，但不知道清平是一所小学。说话的时候，车子刚好开到清平小学所在的路口，搭车的家长鼓励倩新现在就试一下。

"我下午四点四十多给武校长打了一个电话，学校马上就要下班了，只是想碰碰运气。武校长说，你过来吧，我等你们。那是我们第一次见到武校长和班主任。校长特别好，我能看出他的心接受这些孩子。我们到其他学校去，他们的第一句话就告诉我们他们怕担责任。他们总是说，学生如果在这里出现了状况，他们就要怎么怎么样。那天下午，武校长什么都没说，只是要求我陪读，其实我也怀疑过校长的初衷。这几个月接触下来，我发现校长是真心想要给孩子帮助。"

刚来清平小学的那段时间，刘颖还不能很好地适应普通学校的生活。上课铃响过了，刘颖走上讲台，自顾自地翻起了书包。倩新坐在下面着急地看着，她不愿意上前制止，她担心自己的当众干预在班上会带一个不好的头。不但如此，只要妈妈在，刘颖总是想要喝水，或者缠着妈妈帮忙解题。慢慢的，倩新让刘颖独立上课，她只在读写难度大的语文和数学课上出现在女儿的身边。

刘颖来到学校的第十天早上，班上一位小男孩拿着糖果走到刘颖的桌前："这个糖很好吃，你吃糖吧。"他把糖放在桌子上，然后走开了。小男孩的糖果好像打开儿童之间友谊的开关，刘颖从那时起开始融入一年级二班的生活。

早上进校门的时候，"阿姨，我叫文文，我陪她进学校吧？"

"太好啦，你真棒。"

课间，"阿姨，我想带刘颖出去玩。她不听话，你告诉她，不听话小强以后就不带她出去玩了，好不好阿姨？"

放学前，小班长对刘颖说："我来帮你收拾书包吧……我是第二班校车，你们是第一班，我先送你们上车吧。"

上课的时候，刘颖也能安静地坐着了，虽然心里还是有些小困惑。

"妈妈，上课为什么要坐在教室里？"

"我们都在社会里，你要跟着规则走，规则就是多数人怎么做。这就好像你拍皮球的时候，皮球往上走，你顺着它往上，等它下落的时候你在顺着它用力拍。老师让你做什么，你就跟着学，这就像你跟着皮球走。"

私心，"我希望获得别人的尊重"

2012年到2014年，武际金是清平小学的校长，也在高新区教研室主持工作。他想过放下学校的工作，专心做教研，然而看到家校合育项目文件的那一刻，他彻底改变了想法。从那时起，他放下了教研室的职务，专心经营清平小学，很多熟人不能理解他的决定，武际金说："我一直在寻找一件让我心有所属，乐意为之付出并且能获得成就感的事情。我感觉一直在教育局工作下去不如实践家校合育和全纳教育。我追求的是自我实现，这是我的私心。我希望得到人们的尊重。当我散步的时候，有人远远地跟我打招呼，这说明大家尊重我，大家认可武校长和别人不大一样。对于我来说，做好家校合育和全纳教育，就是一种自我实现。我还有另一个私心，那就是多做善事，为子孙谋福。"

武校长希望把清平小学建成全国的家校合育典范学校，同时成为全纳教育的倡导者。他愿意做家长和专家的中间人，请专家来清平小学指导家校合育和全纳教育，请家长到清平来讨论他们的倡导计划。

他还有一个愿望，那就是建立校长联盟。在他看来，推动全纳教育，校长是执牛耳者，如果校长把学校的大门敞开，他们一定会得到政府的支持，一切事情都会随之发生。

"很多校长都在犹豫，要他们还是不要他们，接收还是不接收？我会告诉他们，接收这些孩子是我们这些校长的责任，也是依法办学。国家有法律，政府有规章制度，有文件。你要拒绝他们，如果家长拿起法律武器，你作为校长是要吃官司的。你别觉着不接收这些孩子是理所当然，你错了，你没有选择。更重要的是，我们接收他们，不是负担，清平小学已经做出来了，他们是财富。我们这样一个农村学校，用了两年的时间，就已经把全纳教育做出了样子。当你开始做全纳时，所有资源就都慢慢地聚起来了，你为什么不做？"

第八章

我们的学校，我们的社区
——美国城市私立学校和郊区公立学校不同的全纳之路

摘要

美国特殊的政治背景导致城乡差异显著，但两种社区各自有其通向全纳的道路：社区的凝聚力和作为社区一员的责任感，加上法律保障和比较完全的教育体系，使得宾州的一所郊区学校能够维持高质量的全纳教育；纽约的城市精品私立学校从宽容的理念出发，提高教师和学生的个人能动性，构建了一个灵活的全纳生态环境。

阅读提示

不设置资源教室，而是把所有特教支持和职能训练都融入看似松散的教室环境中，这样能够减少残障标签污名化的可能性，让支持和训练更有实际意义，也不会导致学生失去在大课堂的学习时间。

社区是一个整体，残障儿童作为社区一分子应当被平等接纳。同时，在教育、社区文体活动和就业等方面给这些学生提供更多机会也是社区的责任。

全纳教育不仅仅是理念，参与其中的人更为重要。资源需要更多地提供给教师培训和组织有效的教师团队，而非用于修建资源教室和购买设备。一个良好的教学环境能让教师们互相扶持，并有足够的心理空间来支持学生发挥自己的主观能动性。

犹太少年麦克满 13 岁了，根据犹太教的信条，13 岁是一个很重要的生日，因为从这一天起，他就是一个要为自己负责任的"大人"了。生日这天，麦克邀请了二十几个同学来参加他的成人礼。

对所有犹太教徒而言，成人礼都是一个重要的日子。对麦克来说，这一天则是一个巨大的考验。成人礼的仪式要求他在家人、朋友和老师面前诵经、致辞。麦克从幼年起就被诊断为自闭症，小学期间又显现出抽动障碍症状，在众人面前演讲并非他的强项。他花了很长时间准备仪式上的致辞，特意加了几个带有个人风格的小笑话，还安排了零食和游戏环节。那一天，朋友们都玩得很尽兴。

麦克的教室

麦克和他的朋友们就读于 Luria Academy，这是纽约布鲁克林的一所犹太私立学校，也是一所以全纳为基本教育信条的蒙特梭利学校（Montessori school）。从幼儿园到八年级，全校 190 名学生当中，大约 30% 有不同程度和不同类型的残障，且所有班级都是混龄班。蒙特梭利的教学理念是以学生为中心，注重动手能力和探索精神。只有 9 岁以上的孩子才有必要每天坐在自己的课桌前"正式"学习。学期即将结束，学校支持服务小组的组长哈娜"警告"我："孩子们都在帮老师收拾教学用具，所以很多教室可能会显得比较混乱。"

站在 8 岁孩子和 9 岁孩子的教室正中间，要想辨别哪些是残障儿童，哪些是非残障儿童，几乎是不可能的一件事。孩子们或是独自工作，或是三五成群，有的趴在地上建造模型，有的坐在桌前听老师讲数学，有的在窗下靠墙的沙发上读书。三个男孩子围坐在地毯上，小脑袋靠在一起，看上去像是在打扑克，但近看发现，每个人都忙着在白纸上仔细记录着一些数字，原来他们在玩一个数学游戏。除去两个小姑娘跑过来向哈娜汇报上周学校旅行的趣闻以外，全班 20 个孩子和 3 名老师似乎完全没有意识到我们两个"访客"的到来。和整齐划一的传统小学教室相比，这间教室确实显得"混乱"，但仔细看来，每一个孩子都很专注，不论有没有老师在身旁，都在聚精会神地学习，没有一个闲得无聊。

Luria 的学生也没有一天八节课，而是每天上午和下午各有两个大块的时间在这样"混乱"的环境里进行半自主学习。在一个大框架下面，每个学生都有自己的"个别教育计划（IEP）"。除了学习具体的学科知识，学生们更要学习如何在教室里寻找资源，寻找适合自己的学习环境，学习如何安置学习所需工具和材料，学习如何同其他同学和老师合作完成学习任务，等等。

每个班有三四个老师，其中包括一个教师小组长，另外还会有特教支持人员和治疗师的参与。师生比例大约在 1∶7 左右。这些老师的任务是跟进每一个学生的学习进度，帮助学生解决学习中遇到的问题，并且提供 15—20 分钟的小组微型课堂教学。比如，在大块的自由学习时间里，数学老师可以安排三到四个组的数学课，分别给不同程度的学生讲解不同的知识点。这样就不需要所有学生都在统一的时间里听可能并不适合自己的内容。

这样的环境对于特教辅导和训练治疗师也很适合。麦克的小肌肉动作一直是个问题，职能治疗师就会在写作课时进入教室，辅导他拿笔和写字，在他真正需要这一技能的时候协助他完成一个真实的学习目标，而不是凭空把他抽调出来，花上一节课的时间，在没有任何真实学习内容的情况下做职能训练。整个学校没有资源班，甚至没有一间资源教室，所有特教人员都会在适当时候进入各个班级，为需要服务的孩子做一对一或者小组训练，见缝插针地进行辅导，把特教标签化的可能性降到最低。

根据纽约州法律，因为麦克有自闭症和抽动障碍，他每周要接受感统治疗、语言治疗、职能治疗、物理治疗、游戏治疗和特教辅导各两到三次。"你把所有的小时数加起来，如果都做抽离式教育的话，他在课堂外的时间要比在课堂内的时间还要多，这样的话，全纳教育还有什么意义呢？"对于"为什么学校没有资源教室"这个问题，Luria 全纳支持系统的创始人德纳如此反问我。"这就是为什么我们从一开始就坚定地要做推入服务，要不对于麦克这样的学生来说，他就没有机会跟大家一起上课了。"

"长椅上的空位"

德纳在纽约州的韦斯特切斯特的一个犹太家庭长大,她的三个兄弟都有不同程度和类型的残障。成长过程当中,她经常陪同哥哥弟弟们去参加夏令营等各种活动,慢慢发现自己很适合做教育和残障支持的工作,于是选择在大学和研究生阶段就读特殊教育专业。毕业后,德纳在麻省和纽约市的公立学校里面都做过特教老师。"长椅上的空位(Room on the Bench)"是她来到 Luria 之后创立的一个全纳支持资源中心。这个资源中心以 Luria 为试验基地,依靠一个以全纳为宗旨的犹太基金会的资金支持,向其他学校提供专业辅导,帮助这些学校和整个犹太社群向全纳的方向发展。

美国在 1973 年通过《康复法案》(*Rehabilitation Act*),规定一切联邦政府提供的公共服务不可以歧视残障人,其中的第 504 条专门强调残障儿童在教育领域不受歧视。接下来又在 1975 年通过了《所有残障儿童教育法》,该法律在 1990 年更名为《残障人教育法案》(*Individuals with Disabilities Education Act*)。两个联邦级别法案均要求所有公立学校有责任免费接收残障学生,但私立学校系统并不受这一法案的制约。德纳看到,犹太学校作为私立学校,可以轻易拒绝有特殊需求的孩子:"很多校领导看到孩子带着 IEP 来,就只看到他的 IEP,而看不到这个学生本人。"而德纳认为,不同类型的残障学生差别很大,需要的支持也完全不同。作为教育工作者,判断一个孩子的依据不应当是他的残障,而应该是对他全方位的了解。

10 年前,因为纽约的犹太人社群变得越来越开放和多样化,很多犹太家庭既希望孩子的教育中能有犹太教文化的影响,学校里可以有机会学习希伯来语,又不满意大多数犹太学校过于严苛和正统的宗教氛围。在这种需求的引导下,Luria 作为一个改良的教育尝试而诞生———一所给所有人的学校。虽然是犹太学校,学生的背景却非常多元化,有正统犹太教徒家庭,也有已经脱离教会但希望孩子接触犹太文化的家庭,甚至有和犹太人完全无关的家庭。

这样一个以自由开放为宗旨的学校很快受到犹太社群和其他纽约市教

育工作者的关注。创办没多久，就开始有一些特殊需求学生要求加入。德纳一开始就说："我们既然决定要办一所给所有人的学校，不论文化和宗教背景，只要认同我们的理念都可以来。来的学生都是社区的一部分，我们必须为他们提供平等而有质量的教育。"

犹太教经文《塔木德》里面记载了这样一个故事：犹太教堂里的读经堂一向管理非常严格，门口永远有守卫，确保进来读经的学生和教徒内心纯洁。但公元一世纪的时候，一位名为亚撒利亚（Eleazar ben Azariah）的拉比接任了读经堂的管理工作，他选择驱散守卫，敞开大门，让所有愿意学习经文的学生都能进来。根据记载，"读经堂大门敞开的那一天，全城人潮涌动。人们纷纷来到教堂，学习室里共添加了400张长椅来满足突然增加的读经学生"。

"就像《塔木德》里记载的这样，我们相信，在21世纪的犹太学校，长椅上应当永远有空位，留给希望能在全纳环境里学习的孩子。"德纳说。这个故事就是她发起"长椅上的空位"项目的灵感来源。

是理念问题，也是操作问题

对于德纳来说，成长在有残障人的家庭，全纳理念是她从小接受的、自然而然的思路。但作为一个专业的教育工作者，真正在实践中，要扫平的障碍非常多。

Luria 几乎每个残障学生都在接受不同程度、不同类别的特教服务和治疗。有的辅导是一对一，有的是小组教学，有时候还要考虑某些特教服务是否能够为整个课堂提供支持。"如何能安排一个完美的排课表，让每一项服务，每一个学生，每一位老师，每一个课堂都能做到效果最大化，太难了，这是最难的一环了，但也非常值得。"德纳说，创造这样一个"梦之供应链"，简直是"排课人的噩梦"——整个排课过程要持续6个星期。每年的八月和九月，哈娜和德纳每天都要跟纽约市教育局、不同支持机构、学生家长和其他 Luria 老师以及行政人员反复确认学生名单和课表，政府机关的官僚体制让这个过程更加复杂。每个学期初，她们总是需要告诉家长，并不能保证开学第一天所有支持都能到位，即便老师和治疗师都到了，后面也还是会有调整。

依照纽约州的法律，即便是就读私立学校的学生，也能够在学校享受政府提供的特教服务支持，但民间对此一直争议不断。同纽约市其他私立学校相比，Luria 每年 1.8 万美金的学费并不算高，几乎是其他私立学校学费标准的一半，且有 40% 左右的学生有不同程度的学费补助。曼哈顿另一家做全纳教育的私立学校收取非残障学生的学费是每年 3 万美金，残障学生的学费则高达每年 5 万美金。所以，很多低收入家庭和其他公立学校学生的家长认为，如果一个家庭不相信公共教育系统，而且已经富有到可以支持学生读私立学校，应该就不需要纳税人去负担残障孩子的额外开支。但从另一个角度来看，私立学校学生家长觉得自己也是纳税人，缴纳的地产税供公立学校学生读书，拿出一部分来支持特殊需求学生也无可厚非，毕竟全纳教育是属于每个学生的教育权。

相对于美国其他地区，纽约州政府公共预算中的生均经费几乎是最高的。每年每个公立学校学生花销高达 2 万美金，同时，政府对于残障学生的支持力度很大，一个残障学生的年度生均经费更是可能达到非残障学生的两倍甚至三倍。在地产税颇高的纽约市，残障生生均经费每年是 3 万美金，几乎是美国最贫穷地区平均数值的 10 倍。近六七年以来，联邦政府接连削减公共预算，依据 IDEA（《残障人教育法案》），提供给各州的残障生教育补贴比例从 2009 年的 33% 降到了 2014 年的 16%，各州政府在不同程度地削减州教育预算的同时，都不得不尽力说服自己的纳税人，公共开支的每一分钱都是必要且有效的。

基于这个政治背景，德纳和哈娜面对的另一个难关就是每一个残障学生的三年度教育回顾会议。根据联邦法律 IDEA 的要求，IEP 会议每年都要至少进行一次，但这些年度会议更多的是一个总结，看看目前提供的服务是否有效，哪些方面需要补充，哪些可以减少。三年度会议则是把每个残障学生当作第一次申请特教服务的非残障生看待，从头检验他们是否有资格接受这些服务。

去年麦克 12 岁，正好面临他的三年度会议。市教育局特教委员会代表、家长、Luria 的老师和校领导都要出席。"我们知道这次会议非常关键，因为麦克现在越来越大了，他们（教育局）还是会倾向于减少他的个人服务，或者直接把他放到特殊学校去。就算在纽约，全纳教育仍然是一个比较前卫的教育理念，特别是高中阶段的全纳教育还是很少见。"德纳和哈娜收集起平时的报告和记录，邀请了麦克的家长一起坐下来，帮他们提前准备教育局代表可能会问的问题。"政府工作人员特别喜欢用一些专业术语，觉得残障儿童的家长应该都懂。但家长经常会觉得压力很大，很被动。我们的经验是，提前准备一下，可以帮家长更熟悉孩子的教育策略，也能让他们在会议上更有效地代表孩子做倡导。"

法律的细化带来全纳

显然，Luria这样的小型城市精品学校并不能代表绝大多数美国学生的就学环境。在城市之外，教育市场并没有如此细致分割，私立学校的高额学费也并非普通美国工薪家庭所能负担的。很多时候，全美各地的公立学校是社区生活中最重要的组成部分之一，居民和学校、社区的关系也是非常紧密的。一代又一代人小时候在学校里读书学习，长大成人之后结了婚、生了孩子，再把孩子送回来读书。周末和假日，校园经常被用作社区文娱活动和市集的举办地点，选举时，很多投票点也都设在当地的公立学校里。

富兰克林学区（Franklin Regional School District）位于宾夕法尼亚州的马里斯维尔（Murrysville），距离著名的钢铁城市匹兹堡只有半个小时的车程。3所小学、1所初中和1所高中共用同一个校园，共用同一个管理团队，接受来自韦斯特摩兰郡的3400多名学生，其中大多数来自马里斯维尔本地，这里白人比例超过总人口数的95%，其中一半是德国、意大利和爱尔兰后裔。每户平均年收入6.4万美金，是一个标准意义上的传统美国中西部中产社区。由于美国绝大多数公立学校运营经费来自当地的房产税收，很多优质的公立学校背后都有一个相对殷实和稳定的社区。近十年来，富兰克林在宾州的学校排名一直比较靠前，高中毕业率也保持在97%—98%，相比全美平均80%的毕业率，也可算是相当高了。

小学教学楼的一层集中着富兰克林的所有管理人员办公室。同楼外操场上孩子们的尖叫欢笑声比起来，一门之隔的办公室区域气氛完全不同，倒是颇像一个效率极高的跨国公司。学校特教部主任瑞戈斯基年轻干练，穿一件笔挺洁白的衬衣，领带系得一丝不苟，语速很快，对学区的特教相关法律和学校学生的情况非常了解，几乎每隔一句话就能不假思索地吐出一个历史事实或者一组精确的数据。

瑞戈斯基告诉我，20多年前的富兰克林是有特教班的，虽然占用学校的校舍，教学上却是由韦斯特摩兰郡的特教资源中心直接管理。当时富兰克林所管辖的学区并没有足够的特殊需求学生，郡里其他学区一起付费支持这个特教班的运营，并把他们的特教学生统一送过来就学。随着这20年来全纳教育的普及，现在的韦斯特摩兰郡的资源中心不再关注特教，特教班也早已经不办了，而是转型为郡内各个学区的全纳资源中心，专注于早期干预，以及为融合提供技术和专业支持。资源中心的资金虽有政府支持，但一部分运营费用也来自各个学区购买服务。

虽然美国早在1975年就通过了《残障儿童教育法》，更为完整的全纳理念却是到20世纪90年代之后才得到更广泛的社会理解并进入法律法规。在1994年的萨克曼陀市教育局对瑞秋案中，第一次定义了"最小限制就学环境"。据此，残障儿童必须被尽可能安排在"限制"最小的环境当中。这其中的"限制"意味着限制残障儿童和非残障儿童接触的机会，接触越少也就意味着限制越多。如果给予足够的专业支持，一个孩子可以在全纳环境中获得高质量教育，那么公立教育系统安排他去隔离式的特殊班级或特殊学校就是不合理的决定，家长可以提出异议，甚至选择提起诉讼。

对此，富兰克林学区的要求是，瑞戈斯基和他的团队必须把参与隔离式教育的学生人口控制在2%以下。对于每一个在特殊教育机构的孩子，团队都必须能够证明他们尝试了所有可能的全纳安排，最后特殊学校可能暂时是更优的选择。由于当地公立系统并没有特殊学校，所有特殊学校都是私立学校，平均每人每年5万美金的高额学费也必须由学区负担，因此从财政角度，学区也必须能够向纳税人解释这样的安排。

目前，3400多个富兰克林学生当中，共有490名特殊需求学生，占全校13%左右。只有15名学生被安排在特殊学校上学，其中1名学生因为希望多接触聋人文化而选择就读聋人学校，另外有6个重度自闭症学生在匹兹堡市内的一家带医疗康复服务的私立教育机构，还有一些学生一部分时间在接受手术和治疗，一部分时间回到学校上学。

富兰克林的特教部对不在校园上课的这些孩子全权负责。学生的学籍和考试成绩仍然在学区，IEP 档案也由瑞戈斯基的团队统一管理。团队老师每周都要去不同的康复治疗机构和特殊学校参加 IEP 会议，确保康复和教育的良好衔接，并且在孩子每一个发展阶段确认所选教育环境是最优的。宾夕法尼亚州为重度心智障碍学生特别设计了另一套标准化考试体系 PASA（Pennsylvania Alternative System of Assessment），考试时长比非残障生的标准化考试要短很多。任何学生，不论残障类型和程度，都可以参加这一考试。PASA 采取全程录像的方式，考官需要接受特殊培训，依据学生对问题的反应和口头回答判断他们的成绩。同样，每一个学区需要把参加这一考试的学生人数控制在 2% 以下。

参与运动和社区接纳

在富兰克林，绝大多数的残障儿童和他们的非残障伙伴在同一个校园内成长、学习。瑞戈斯基说，依照法律，学校必须为每一个残障孩子提供"学习支持环境（Learning Support Environment）"，除了治疗师和特教辅导老师之外，学校还有生活技能课堂和其他补充式教育方式。

像很多学校一样，富兰克林的全纳之路仍然面临巨大的挑战。特别是学生进入中学之后，教学大纲对专业知识的要求一下升高，一些心智障碍学生在英语、数学等核心课程中跟不上教学进度，只能转入特教班。其中最高需求的学生最多每天会有 80% 的时间在特教班学习。"但即便是这样，我们仍然觉得这些特殊需求学生和其他非残障伙伴在一起的哪怕 20% 的时光都是有意义的，"瑞戈斯基说，"他们一起吃午饭，课间休息一起在操场上玩，一起在图书馆看书，一起上体育、艺术、音乐、社会学、历史等课程。"

大多数美国学校非常重视体育运动，学校的体育赛事也往往是凝聚社区力量的催化剂。很多中小学教练都是学生家长中的志愿者。一个孩子比赛的时候更是全家都会出动，一起为他打气。在富兰克林也一样，除基本体能训练之外，学校提供近 20 种运动课程，学生还可以在课后加入篮球、足球、游泳、冰球等 16 支比赛队伍。对于残障学生来说，体育活动不光对他们的身心健康有好处，更是他们参与社区活动的重要途径之一。

　　IDEA 规定公立学校必须为残障学生提供适当的体育课，但主流体育课往往不符合这些学生的特殊需求，分开教学则又制造了新的隔离。看到这一矛盾，瑞戈斯基从之前工作的学校带来了"伙伴体育课（Partners PE）"的理念："这个课程是俄勒冈的两个唐氏孩子家长最先设计出来的。我们会筛选非残障学生参与到这个体育课里来，协助残障学生一起运动。对于非残障生来说，目标就是帮助自己一对一的残障伙伴达到他自己的体能目标，同时非残障生可以得到选修课学分。"这样，残障学生得到了锻炼，社交机会增多，非残障学生也有更多机会接触残障人，增进了解。"我们做了一段时间之后觉得效果很好，比如，在食堂或者学校其他地方，这个参与伙伴体育课的学生就会过来跟自己配对的残障学生打招呼，他的同伴就会观察，也就更乐意去交流，对孩子是一个正向的、非说教式的引导。之前这些非残障孩子对残障生也不一定就是歧视，但确实还是不熟悉。"

　　残障学生能够参与的课外体育活动也很多。学校每周都会组织保龄球、游泳、高尔夫球等课后活动，供残障学生选择。从去年开始，富兰克林开始组织自己的全纳田径队，为特别热爱竞技体育的残障学生提供比赛机会。全纳田径队的成员中有体能优秀、能够参加特奥会的残障运动员，也有只是想多参与比赛、多锻炼体能的非残障运动员。"比如，一个非残障摔跤选手可能就会选择参加这个队伍，逼迫自己保持一个训练的状态。我们刚刚开始，只有三四个队伍，今年第一次和周围其他学区比赛，参加了三个项目，明年还会增加。"

　　为此，马里斯维尔政府另外出资征地，建造了一个带有多种比赛场地的室外无障碍体育设施区域，学校师生和其他社区体育赛事都可以使用，旁边还设计建造了一片安静的湿地森林步道，许多居民每天都会来到附近散步和运动。一到赛事时间，整个社区都会出动为自己的田径队加油助威。"在赛场上，你根本看不出来谁有残障谁没有残障，这就是我们的主场。"

　　当然，真正的社区接纳比一同参与体育赛事的意义要更深远。它意味着社区不但要接纳残障儿童，在义务教育阶段尊重孩子的权利，更需要为这些孩子提供毕业后真正的就业机会。

　　瑞戈斯基的办公室墙上挂了很多照片，都是学校里的特殊需求学生毕业后在自己的工作岗位上和同事的合影。即便有着20多年的全纳教育历史，中重度心智障碍学生的就业仍然并非一件易事。富兰克林最早从学生14岁后就开始提供和IEP相结合的转衔服务。由于宾州法律规定学生最晚可以22岁高中毕业，瑞戈斯基的学生不少都上了7年高中。在这段时间内，他们充分利用学校的转衔服务，学习生活和专业技能。社区里的超市、餐厅、图书馆、殡仪馆等的工作人员都会受邀到学校来给学生介绍他们未来可能得到的工作岗位。学校的转衔服务专员也会定期在社区内走动，为即将毕业的学生寻找职位。

瑞戈斯基指着照片一个一个介绍自己的毕业生以及他们目前的职业："所有这些社区里为残障学生提供岗位的商户，我们都会送其一个小牌子，可以挂在门口。他们也都很骄傲，因为说到底我们都是社区的一员，这些残障员工也都是社区的孩子。"

融合的缺失降低教育质量

从表面上看，美国这种联系紧密、人口构成单一的传统社区形态，在纽约这样的国际大都市似乎完全不存在了。走在纽约的大街上，可以见到肤色、语言、文化背景各异的人，但种族和社会阶层的分隔仍然是这个城市面临的大问题。

《纽约时报》记者（Nikole Hannah-Jones）专注于住房和教育两个领域里的种族歧视。她从十几年前开始观察美国各地许多黑人和拉丁裔社区"差校"的尝试和改变，从失败到改革，到再次失败，一次又一次轮回。从整体来看，任何新潮的教育理念、超前的技术手段似乎都没有用，差校永远是差校。那么，到底什么教育改革手段是真正有效的呢？近几年，她转向历史，却意外地发现美国曾经在1971年开始尝试校园种族融合，用大巴送整整一车黑人儿童到融合学校里学习。这样的实验持续到20世纪80年代末，校园种族融合在1988年达到顶峰。对比1971年和1988年的标准化考试数据，她发现"17年间，美国全国黑人学生和白人学生的分数差距缩小了一半之多"。Hannah-Jones认为，所有花里胡哨的口号和教改思路远远比不上简单地把不同种族和文化背景的孩子放到一间教室里。隔离式教育最容易导致教育不公平和教育质量低下。

这并不是校园融合理念第一次进入公众视野

20 世纪 90 年代初，南卡罗莱纳州一名叫莎南·卡特的高中新生感到学校提供的 IEP 并不能满足她的学习需求，莎南的父母同孩子所在的佛罗伦萨学区交涉，学校拒绝提供更多针对莎南的课程调整。最后，莎南的父母提出送她去一个专门针对阅读障碍学生的私立学校，被拒绝后，卡特一家选择把学区告上法庭，却一路败诉。这个案子最终于 1993 年被美国最高法院选中，成为了教育领域著名的美国高法"卡特案"（Florence County School District IV v. Shannon Carter）。所有大法官一边倒支持卡特一家。他们认为佛罗伦萨公立学校不能满足孩子的学习需求，不能提供有质量的教育，只有全纳之名，并无全纳之实，最终判决家长有权利要求送孩子去上私立学校，并由公立系统补偿费用。

尽管地产税高入云霄，财政并不缺钱，纽约市公立学校的质量却一向很糟糕。许多中产家庭为了孩子上学而搬离纽约市。富人选择私立学校，留下新移民和低收入少数族裔家庭的孩子集中在城市公立学校。自从"卡特案"之后，越来越多的纽约市残障儿童离开公立学校，进入私立系统，并由公立系统负担费用。

早在 1996 年《纽约时报》的一篇文章里，纽约大学教育与公共政策研究中心主任（Norman Fruchter）就分析了这个"新"动向，说："越来越多的残障孩子离开主流学校，会导致学校面对残障学生的特殊需求时更加不知所措，然后会导致更多的特殊需求学生离开。"教育系统就此形成恶性循环——从缺乏残障学生，到不理解学生需求的多样性，到教学理念更加死板，再到失去更多残障学生和问题学生。因此，学者诟病纽约公立学校之所以糟糕很大程度上其实是因为融合做得不足，不论是哪一种融合。

长久自然的陪伴

纽约并非没有团结的社区，更多的时候，在纽约这样的国际大都市，让人们聚集在一起的黏合剂并非地域，而是信仰，或者理念。

Luria虽然是一家犹太学校，学生家庭阶层和背景的多样性也让他们很骄傲。哈娜告诉我，Luria学生的家庭各式各样，"有的孩子住在别墅里，有的家里就是小小的一居室"，但这些家长有一点很一致，就是"他们对教育非常关注，把孩子的发展和成长放在第一位，并非把学校当作一个大筐，把孩子扔进去了事"。近几年，布鲁克林开始有一个特别明显的趋势，家长更重视全面教育，也开始意识到齐心协力创造和谐社区氛围对于所有人的孩子都有益处。如果把孩子按照成人的分类标准隔离开来没有任何好处。"对于一些有很具体需求的残障儿童来说，可能送到特殊学校会使他们某些能力进步更快。比如阅读障碍或者自闭症学生，加强训练确实有用，但更多时候，我们的家长会说，我的孩子在这里很快乐，他有自己的伙伴，学校的团队是可以信赖和交流的，这里不是一个工厂，老师们采取的教育方式和手段都来自对学生长久的陪伴和观察。"

麦克5岁来到Luria上学前班的时候已经有自闭症。根据他的情况，纽约政府给他配备了一对一的助教。这个助教和他的同班同学是麦克在过去10年生活中恒定的陪伴老师。自闭症的刻板行为，以及抽动症带来的不能控制的动作和语言，加上麦克青春期开始后逐渐显现的抑郁症倾向，所有这些对于同学们来说不是什么奇怪的现象。从小到大，大家早已熟悉了。"这就是麦克啊，他就是这样。"

麦克的助教从麦克幼儿园时就和他在一起，她对麦克的观察非常敏锐，可以看出麦克情绪的不稳定。"他个子很大，比很多老师都高，我们有时候会担心他如果情绪失控会对其他学生的安全有威胁，虽然他从来没有伤害过其他学生。"作为麦克多年的导师，德纳非常坦诚。

每当麦克的情绪将要失控的时候，助教就会让他走出教室，重新调整情绪。有时候麦克会去哈娜的办公室，那里一般没有别人，但有一些奇奇怪怪的东西。比如，办公室里有一个三面缝起来的被单，麦克会脱了鞋爬进去，全身盖上，待上几分钟。因为这个冷静的过程不是在全班同学面前，不会让麦克觉得尴尬。去哈娜的办公室不代表惩罚，这是一个安全的空间，在这里，他可以放松下来，让自己恢复平静。有时候麦克也会读一会儿书，或者画画，画让他不开心的事情，发泄一下。所有这些方式和设计都来自教师团队多年来对他的观察和了解，知道什么对他有效果。

因为麦克是多重残障学生，在教育手段的选择上，医学诊断本身只能作为一个起点，教育工作者的陪伴和观察至关重要。对此，德纳说："更多的还是对学生增进了解，知道他是什么样的人，什么方法管用，什么不管用。我们这一两年开始发现麦克的很多行为问题，所以推荐父母带他去看心理医生，后来发现他有抑郁症，这就解释了很多我们在学校遇到的问题。但作为老师来说，我们去了解学生，了解他们的需求，采取一些我们觉得有效的手段，直到走投无路了，才会去别处寻找答案。"

投资老师

在德纳眼中，"只要态度正确，再加上合理有策略地利用资源"，全纳教育不应当是一件难事。

"长椅上的空位"这一项目的工作重心之一，就是为其他有意做全纳教育的学校提供咨询和培训。在德纳眼中，一个学校是否能做到全纳，老师的素质至关重要。"如果我有1万美金，用来推动一所学校的全纳教育，我会把几乎所有的钱都花在教师培训上，教给老师能够在全纳环境中使用的教学手段和工具。在美国，我们花了20年建资源教室，把特殊需求孩子抽离出来上小课，结果是他们错过了课堂里发生的一切。这个孩子可能确实上了一节专门为他设计的课，但他落下的部分要什么时候补回来？这是一个效率低且容易使学生标签化的方式。"

为了尽量做到避免抽离式教育，Luria 的教师团队非常强调团队协作能力，以及他们共同理念带来的凝聚力。哈娜曾经在纽约市的公立学校工作过两年，她觉得跟公立学校相比，在 Luria 工作最大的不同就是教师团队具有凝聚力和每个老师自己具有使命感："在公立学校，每个人自己教自己的，这节课上完了上下节课。在这里，同事之间有很多合作。我可能晚上七八点还在学校，跟家长见面，但感觉做事是有意义的。"每天下午4点15分放学后有例行的教师会议，老师们一起讨论这一天在学校发生的事情。有时候就是需要这个机会发发牢骚，讨论大家可能需要一些什么样的支持。

"有几次老师们说觉得压力太大，需要心理治疗来帮助团队放松一下，管理层后来就真的派了专业心理医生来给我们做辅导。"哈娜睁大眼睛笑着说，好像自己都觉得不可思议。

除了关爱和支持在职教师以外，给未来教师提供系统支持，帮助他们实现理念转变，也是推行全纳教育必不可少的一环。随着越来越多特殊需求孩子加入主流学校，今天的美国高校和教育学院也不再给未来的教师们提供特教专业，而是只有"教育"一个专业。因为普教和特教已经不再是两个泾渭分明的领域，德纳说"全纳教育不过是更好的教育"。同样，她所强调的投资于教师培训，并非只是针对特教老师的培训，而是面向所有课堂教师能力提升的机会。很多时候，在德纳的培训中，并没有什么高大上的教学理论和科技手段，她教给其他老师的看起来是非常微不足道的小事，比如如何在孩子情绪很糟糕的时候试图展开对话，不是以对抗的方式，而是试着倾听孩子的声音，尊重孩子的意见。

尊重学生

吉丽安来到 Luria 的时候已经在附近的另一所小学读完五年级，妈妈感到吉丽安虽然学习不错，但在学校并不快乐，所以想给她换一个环境。德纳很快意识到，这个小姑娘一方面被医生诊断为多动症，比同龄人更难以集中精力学习；另一方面，她的阅读和写作能力已经达到了十二年级的水平——吉丽安是一个典型的"双重特殊生"。

"双重特殊生"的说法来自英文里的"twice exceptional students"，简称"2e 学生"。美国从 20 世纪 70 年代开始意识到这一类孩子的存在，他们一方面有情绪、社交、注意力等方面的障碍，很难适应严格的集体生活，但同时在某些学科上也有超出同龄人的学业成就。当时，这个群体被称作"天才障碍人群（gifted-handicap）"。

"吉丽安的自我意识非常强烈，她清楚地知道自己有多聪明，经常顶撞老师，作业也只挑选自己觉得有意义的才做。不愿意参与课堂的时候，她就会自己坐到教室最后，拿起一本成人的书籍看起来。在她原来的学校，老师很不满意她的这种行为，给了她一个良好表现表格让她去填，如果吉丽安能管住自己不去读跟课堂无关的书，表格上记录的良好表现多，就会得到奖励。"吉丽安的妈妈说，德纳对吉丽安的妈妈承诺，Luria 的老师绝对不会如此处理，"阅读本身不是问题，问题在于吉丽安在课堂上感到无聊，她需要的是对于她来说有意义的教育"。

Luria 六年级的一节历史课堂上，学生们在学习美国内战。虽然都在阅读，跟其他学生不同的是，吉丽安专属的阅读材料取自大学本科程度的教材。大部分同学的课堂练习是总结阅读材料的大意，吉丽安则展开了她的独立研究，几天后她写成了一篇关于美国内战的观点性文章，同大家分享。这样的调整在吉丽安的课堂中每天都会发生，有的简单易行，有的则需要老师专门去找材料，甚至几个老师和吉丽安一起坐下来交谈，商量出一个可行的学习方式。

吉丽安仍然有时候会拒绝做一些课堂练习或者作业。"这个时候，我们就会把主动权给她：那你来说说，怎么能向我们证明你掌握了这些材料和知识点？"德纳和吉丽安的老师们给她调整学习方式和学习自由度，最后的目标还是掌握同样的一些知识和能力。"有的老师会说，唉，这个学生不愿意做作业，她就是懒惰。我个人特别不能接受这种说法。我觉得没有懒惰的学生，只有不投入的学生，不能投入的原因是因为他们对自己的学习方式没有任何发言权，觉得学习没有意义。"

"尊重学生""以学生的需求为中心"，这些并非只是一个个口号。学生的主动权体现在学习的过程当中。自己关于学习的意见是否被采纳对吉丽安来说至关重要，但同时，她也清楚地明白，自己作为学生的一个重要职责就是达到课程要求的标准。"至于如何达到这些标准，我们交给她自己去决定。"德纳说。

吉丽安虽然有多动症，却并不需要任何政府提供的额外特教或治疗师支持。"吉丽安这样的学生之所以能在 Luria 发展得这么好，就是因为她感到自己和同学、老师、家长一起，同属于一个紧密友好的社区。"德纳如此总结。

作为一个社区，Luria 的理念非常统一。在这里，学生的"社区守则"是"孩子们来到 Luria，首先要同意对自己的同伴和老师做到以下四点：保证安全，保持善良，对他人温柔，互相尊重"。至于对教育工作者的要求，这个犹太学校在网站首页最显著的位置写到："在每个学生独立的道路上引导他"（Guide each student on an individual path）。这句话道出了全纳教育的真谛——学生的学习之路各不相同，教师需要尊重学生的方式和选择，在每个学生的个人学习之路上给予指引。

第八章 我们的学校，我们的社区——美国城市私立学校和郊区公立学校不同的全纳之路

书 评
Book Review

◎ 崔凤鸣 博士
哈佛大学法学院残障发展项目中国项目主任

《融合行》从多层次、多角度呈现融合教育的发展。从案例的选择、每个案例的切入角度、对残障儿童受教育状况的客观分析，无不体现着作者在融合教育专业研究方面的积淀以及对融合教育现状和发展趋势的深入洞察。作者试图通过动态的内容呈现，把读者带到融合教育的历史发展进程中。本书通过案例真实展现，娓娓道来，深刻分析各方经验教训、推动融合教育的中坚角色、伙伴关系、融合教育的发展脉络及桎梏等议题。目前，国内急缺这样通过实证调查和多角度个案分析综合讨论融合教育的范例，本书可以说弥补了专业的空白。

具体说来，《融合行》通过案例回应了许多融合教育实施过程中面临的关键问题，其中包括：什么是真正的融合教育？影响融合教育发展的主要因素是什么？如何定位和使用资源教室？谁应当为融合教育负责？等等。这本书回答了包括以上问题在内的许多核心问题，而且避免了说教，在故事中与读者共同讨论。换言之，这本书在定位方面独具匠心，深入浅出地解读了融合教育发展的本土困境，提供了发展融合教育所需的知识和经验，做到既对专业人士很有帮助，又适合非学术专业的读者。这是本书非常难能可贵的特点。

这本书在究竟采用"融合教育"还是"全纳教育"方面也体现了作者的拿捏。在现实中，两词的混用给理论和实务均带来了困扰。作者在书中并没有统一使用"融合"或者"全纳"，而是尊重了案例当事人的选择。也许可以通过对概念不清现象的客观呈现，更多激发读者对真正意义的融合教育的思考。

◎ 蔡 蕾

奇色花福利幼儿园总干事

《融合行》我读了好几遍，每一遍都有感动。

这本书不同于我看过的其他融合教育著作。它有极其鲜明的特质，一下子就抓住了我的眼球。书中案例，鲜活深刻，娓娓道来，把中外融合教育的点点滴滴展示在我们面前。这其中，有感人至深的融合故事，也有西方发达国家融合教育的发展历程和融合经验，给我们以深刻的启迪。

读了这些鲜活的案例，让我的信念更加坚定，也看到了家长倡导的重要性。家长都有相似的心路历程，都在为孩子的权益殚精竭虑，努力付出，不但为自己的孩子，也为着其他有着相似命运的孩子们的未来而奋斗着。融合教育离不开家长的参与和推动。

一直以来我认为学前融合教育实施起来特别容易，小学、中学的融合教育可望而不可及。看了这本书，我才发现只要学校愿意去改变，教师愿意去努力，融合教育在小学和中学实践起来一定能成功。

我特别喜欢《我们的学校 我们的社区》这个案例。这所学校没有资源班，更没有资源教室，跨专业人员在适当的时候进入各个班级，为有需要的孩子做针对性支持与服务；更是喜欢"长椅上的空位"项目，学校"长椅上"永远留着空位，留给希望能在全纳环境里学习的孩子。

每一个案例都让我再次坚信，一位称职的老师，能尊重每一个孩子。看到并支持每一个孩子的需要，这是做好融合教育的前提。

从书中的案例看到，中国的融合教育和欧美相比，的确存在不小的差距。回忆起奇色花实践学前融合教育的经历，感恩许多年来国际志愿者的无私指导带领。

希望更多的人能够读到这本书，看到融合的意义。融合可行，学习借鉴欧美国家融合教育的经验，再结合中国的现实状况，这样可以少走弯路，一起站在巨人的肩膀上前行。

◎ 黄志成　教授　博士生导师

华东师范大学国际与比较教育研究所　全纳教育研究中心

全纳教育（Inclusive Education）在20世纪90年代联合国教科文组织的倡导下逐渐成为国际教育发展的一种主导趋势。2008年联合国教科文组织召开的第48届国际教育大会的主题为"全纳教育——未来之路"，进一步推动了全纳教育在世界各国的实施。

从全纳教育的提出至今，已经有20多年了。在这期间，世界各国均在进行全纳教育的实践。由于各国具体教育状况的不同，全纳教育的实践也各不相同，很需要各国之间能有一种相互交流和学习的途径。

《融合行》之书为我们打开了各国实施全纳教育案例之门。作者通过实地访问调查，向我们讲述了世界各地实施全纳教育的8个故事。

这些故事十分生动地记录了各国的学校、校长、教师、家长、学生是如何开展全纳教育实践的；这些故事十分有力地证明了全纳教育应该得到全面实施，全纳教育可以在学校实施，全纳教育可以取得成果！

2015年联合国教科文组织在国际教育论坛会后发表了《仁川宣言》，确定了面向2030年世界教育发展方向和目标——2030年教育：迈向全纳、公平、优质的教育和全民终身学习。由此可见，全纳教育已十分明确地成为未来世界各国教育发展的方向和目标。

我国政府在2008年的国际教育大会上已经做出了承诺，要大力推行全纳教育。我国亦已开展了多年的全纳教育实践，然而，真正做实做好的还不多，主要原因有政策方面的，也有实践方面的。

相信该书的出版可以给我们提供了一个继续思考全纳教育的意义；可以让更多的人进一步了解什么是全纳教育；可以促进更多的人参与到全纳教育的实践之中，让我们的学校成为全纳的学校，让我们的社会成为全纳的社会。

◎ 蔡　聪

上海有人公益基金会残障项目总监　1+1残障人公益集团合伙人

什么是融合？

什么是融合教育？

有没有标准？

我们应该怎样去做？

《融合行》在一开始就提出来这些问题，我们不知道。或者可以理解成为，其实，这些问题，本身就没有标准答案。

但是，这本书通过八个案例的采写，巧妙地透露了本书的作者以及在为推进融合教育而奔走的残障者们内心的答案，也含蓄地批评了，当我们总是坐在那里，提出这些问题时，内心里其实是不愿意采取行动的，其实是否认了自己作为融合教育的参与者和受益者能够发挥出来的积极的力量。

如果说，硬要给处在新《残疾人教育条例》实施，融合教育已成大潮的时代下，又被束缚与局限在应试教育体制中不知何为何从的人们一个推行融合教育的万灵丹，那看完本书，我找到的答案是，我们应当首先选择相信。

我们相信，每个孩子，都不应该被隔离在一个所谓的对他好的环境之中，因为那样根本不可能好。

我们相信，人生会遇到美好的事情，也会有糟糕的时候，它都是生命组成的部分，谁也没有权力将之剥夺。

我们相信，教育的目标不是为了将孩子用一套标准区分出三六九等，简单粗暴地判定他们的未来人生。

我们相信，教育能够使、也应该是为了每一个孩子成就他们最好的自己。

我们相信，如果坚定了信念，采取了行动，结果会自然产生。

我们也相信，我们选择去做这件事情，不是因为它会带来好处，而是因为它是正确的，是我们应该做的。

我们还相信，参差多态乃是生命本真，合而不同无分高低好坏。

我们从残障出发，只是因为这些过往给残障者带来的伤痛让我们醒得更早。但在这条路上，不应该只有残障的身影踽踽独行。

我们从残障出发，看到了方向，但并不知道未来在哪里。

为了融合，我们奋力前行，为的是沿途的风景。为了融合，你我携手而行，为的是生命交织一起奏鸣。

融合行，是一份观察，给我们带来了一路见闻。融合行，是一份邀请，如果你相信了，那就和我们一起，开启这段奇妙的旅行。

◎ 戴　榕

全国心智障碍者家长联盟理事长　广州扬爱特殊孩子家长俱乐部理事

看了眼前这本不算很厚的初稿《融合行》，感到自己特别幸运能够抢先阅读。两位年轻学者在其中倾注了大量心血，从融合教育甚至社会融合的角度展开了非常深刻的剖析，这是我从阅读中能看到和领悟到的，受益匪浅。

首先，《融合行》解释了很多我之前没接触过或是了解不深的专业术语。特别是书中对能力主义的阐释，让我对融合教育有了一个全新的认识。我们知道在国内，有很多教育法规，包括从2017年修订发布的《残疾人教育条例》，都有提到："普通学校应当接受有能力的残疾儿童"等类似规定。诺贝尔经济学奖获得者阿玛蒂亚·森从权利视角解读能力和贫困之间的关系，也让我真正看到这种现象在不同社会和文化中都存在，残障人普遍面对社会基于对其"能力不足"的认识而产生的歧视。而这个"能力"是需要打个引号的。我们的教育体制中依照"能力"把学生分成优等生、普通生和差生，由此设计出给好学生的尖子班、奥赛班，给普通生的普通班和给后进生的差班，这些都是能力主义的思路。

《融合行》还帮助我们从整个世界的范围内纵观融合教育的发展史，跨度超过上百年，有非常丰富的历史资料和独特的视角，毫不夸张地说，这本书令我大开眼界，也让我重新审视当初我们通过融爱行推动国内融合教育的方法。融爱行的出发点其实非常简单朴素，虽然如此，我却能看到，这跟国外的融合教育发展历程几乎是如出一辙。

从国内的奇色花到京西国际学校，到马来西亚，到加拿大，我们能看到家长在融合教育的推动中起到非常大的作用，这是一个不可忽视的群体。不论是东方还是西方，家长在打破社会隔离中的成就，是毋庸置疑的，就像加拿大的波特教授说的，如果没有家长，就没有自下而上的改变，更不会有自上而下的改变。马来西亚视障儿童父亲张友泽的努力让视障人的融合教育从无到有。美国人白思南来到中国生活和工作，因为有一个动作感知障碍的儿子，创办了中国第一所国际学校，学校的宗旨里提到孩子的需求优于体制的需求，一切都要从孩子出发，成为了一种对融合教育的尝试和探索。同样，加拿大安大略省的格洛夫夫人为了心智障碍人士的社会融合去除机构化，成立加拿大社区生活协会；在新不伦瑞克省，威廉的父亲弗兰克意识到，实现融合需要人与人、人与机制不断的沟通。所有这些都彰显了在融合的路上，各国的家长持续不断的努力和追求。

◎ 李　红

北京融爱融乐心智障碍者家庭支持中心总干事

融合教育是从人们内心需求中长出来的教育，这是本书作者用来自世界各地的融合教育故事所告诉我们的。这种内心的本能需求来自受教育者、来自家长、也来自教师和学校管理者。他们内心认同生命生而平等，人是社会的资源，都有自己的价值，而融合是提供人与人之间合作的平台，彼此学习，互相支持，创造更大的价值。老师与学生之间如此、学生与学生之间亦如此，学校与家庭、社区之间也是如此。

感谢作者整理记录了这些鲜活的故事，让我们能看到那些内心充满使命的教师、校长如何转变视角并坚持创新，最终促成融合、多元的成果；也让我们了解那些坚韧的家长，如何百折不挠、不离不弃，最终成为倡导历史改变的核心行动者。

这些故事也让我们更清晰，人是资源，所以我们还要感谢那些我们定义为特殊需求者的孩子们：中国的牛牛、志新，英国的罗宾，加拿大的弗兰克，台湾的凯凯等，是他们为当地的教育创新提供了机会。

所以说，回应作者提及的国内融合教育的三个困惑，我想中国社会各界如果能够看清融合教育是什么，可能另外两个困惑，要不要做和如何做，应该是迎刃而解的问题。因此，我期望，有更多的人能有机会读到这些故事，让大家更系统地理解什么是融合，如何促成融合，由此开展行动。